Ursula und Ulrich Rüge

Berühmte Orgeln

Meisterwerke europäischer Orgelbauer

Nikol Verlagsgesellschaft mbH
Hamburg

BILDNACHWEIS

Abbildungen auf dem Einband
Vorderseite: Kathedrale Ss. Trinitatis (Kath. Hofkirche), Dresden
Rückseite: Spieltisch der Willis-Orgel im Blenheim Palace, Woodstock

Die Zahlen beziehen sich auf die Seiten; alle hier nicht verzeichneten Abbildungen
wurden freundlicherweise von den einzelnen Kirchen zur Verfügung gestellt.
Bauhütte Nidaros Dom 105; Beißer, August 69; Benfer, Tillmann 64;
Bestler, Hubert 78; Blenheim Palace, Woodstock, 76;
Böcker, Martin 61 oben; Caiazzo, Dominique 133; FjeldstedFoto 111;
Fotohaus Hartmann 43; Helms,Thomas 68; Herre, Völkmar 63; Jann, Georg 71; Jong,
Jan de 146; Klais Orgelbau, Johannes 32, 49; Klein, Jan 145; Kraus, Hellmuth 40;
Kröncke, Dr. K. W. 61 unten; Lechtape, Andreas 72; Loeper, Ulrich 18 unten;
Mayer, Richard E J. 9, 65 oben; Pedersen, Thomas und Poul 110; Pellmann,
Udo 21, 66; Rasmussen, Flemming Gedsted 82; Roth, Gilbert 55; Rumo, Pyt 100;
Schippers, Klaas 42; Schmitt, Martin 74; Sturmanis, J. 115; Thieme, Wolfgang 25;
Tiroler Volkskundemuseum, Innsbruck 93 oben; Wachinger, Reinhard 31;
Wögerer, Karl 96; Wölfel, Dietrich 39 oben und unten

Berühmte Orgeln

Sonderausgabe für Nikol Verlagsgesellschaft mbH
Hamburg
Mit freundlicher Genehmigung des
Verlages Georg D. W. Callwey, München

Umschlaggestaltung: Callena Creativ GmbH, Hamburg
Lithos: CS Repro-Dienst, Singapur und
Repro-Kuschel, München
Druck: L.E.G.O., Vincenza
Printed in Italy

ISBN 3-933203-08-2

INHALT

Harris-Orgel von 1710 in der
Cathedral Church of the Blessed Virgin Mary,
Salisbury (188)

VORWORT

Die ersten Anfänge der Orgel liegen in geheimnisvollem Dunkel, doch soll bereits ca. 170 v. Chr. ein gewisser Ktesibios in Alexandrien ein Instrument gebaut haben, bei dem eine Anzahl stehender Flöten zum Erklingen gebracht wurden. Dazu wurde mit Faustschlägen auf große Tasten eine Mechanik in Gang gesetzt, die Luftdruck durch das Gewicht lastenden Wassers erzeugte. Diese Vorgängerin der Orgel war im Theater, im Zirkus und bei Hofe als Gaudium beliebt. Durch die Römer gelangte sie nach Mitteleuropa. Im 8. Jahrhundert erhielten König Pippin der Kurze und Karl der Große solche byzantinischen Instrumente als Geschenk. Die Mönche des Fränkischen Reiches widmeten sich daraufhin dem Orgelbau.

Erst im 10. Jahrhundert wurde das inzwischen verbesserte Orgelinstrument in den kultischen Bereich der Kirche aufgenommen. Als Kleinorgel (Positiv) erhielt sie ihren Platz im Chorraum und diente als Begleitinstrument. Als Hausinstrument war im Mittelalter das Portativ, auf dem Schoß gehalten, eine Hand die Tasten schlagend, die andere den kleinen Balg bedienend, sehr beliebt. Um 1300 erfolgte die Weiterentwicklung der Orgel durch den Bau von Prinzipal und Hintersatz sowie einer gemischten Stimme mit einer größeren Anzahl von Aliquoten. Im 14. Jahrhundert schließlich wurde das Pedal entwickelt. Zu dieser Zeit hatten die Orgeln teilweise noch handbreite Tasten und wurden mit Händen und Ellenbogen gespielt. Nachdem man die einzelnen Werke miteinander zu kombinieren lernte, entstand die mehrmanualige, große Orgel. Vom 17. bis ins 18. Jahrhundert dauerte die Blütezeit des Orgelbaus, als sich innerhalb Europas berühmte Orgelbaumeister wechselseitig beeinflußten und herrliche Werke schufen, welche uns teilweise bis heute erhalten blieben.

In ihrer klanglichen Vielseitigkeit und meisterlichen Gestaltung ist diese Königin der Instrumente ein einheitliches Ganzes, obwohl jedes Orgelteil, jede Pfeife eine ihr zugeordnete Funktion erfüllt, jedoch in ihrer großen Dimension der Einheit und Harmonie dient. Da die Orgel auf den jeweils sie umgebenden Raum abgestimmt ist, wird diese Harmonie am deutlichsten spürbar während eines Orgelkonzerts, wenn der Raum die Musik wiedergibt und im Klang der Töne gleichsam mitschwingt.

Bei der Lektüre des Reiselexikons wird der Leser bemerken, daß die Dispositionen der Orgeln nicht detailliert aufgeführt sind, sondern sich lediglich auf die Angaben zu Anzahl der Manuale und Register sowie des Tonumfangs beschränken. Eine ausführlichere Beschreibung der technischen Daten war aus Platzgründen leider nicht möglich. Da ein Großteil der Kirchen über Informationen geschichtlicher und technischer Art ihrer Orgeln verfügt, können diese von Interessenten anläßlich eines Besuchs dieser Kirchen eingesehen oder erworben werden.

Angaben über die vorliegenden Orgeln wurden den Autoren von den jeweiligen Kirchen bzw. Organisten per Fragebogen, Kirchen- oder Orgelführern übermittelt. Zwischenzeitlich vorgenommene Renovierungen oder Änderungen der Dispositionen könnten die eine oder andere Orgel somit als nicht korrekt dargestellt erscheinen lassen (Stand: Juli 1994).

An dieser Stelle sei Dank den Orgelbau-Werkstätten Rudolf von Beckerath/Hamburg, Johannes Klais/Bonn und G. F. Steinmeyer/ Oettingen sowie einigen Fotografen, die ihr Bildmaterial liebenswürdigerweise kostenlos zur Verfügung stellten. Der besondere Dank der Autoren gilt den im Buch erwähnten Organisten und sonstigen Kontaktpersonen der in- und ausländischen Kirchen für ihre Mitarbeit an diesem Reiselexikon.

Ursula und Ulrich Rüge, Osnabrück

Noch einige Hinweise zur Benutzung des Lexikons:

Die Zahlen in den Karten und am Ende der Bildlegenden beziehen sich auf die Nummern des Eintrags im Lexikon, nicht auf die Seiten. Die Telefonnummern sind für den Inlandsverkehr angegeben. Von außerhalb ist die internationale Landesvorwahl voranzustellen, die Null der Ortsvorwahl entfällt.

Die Schreibweisen der Ortsnamen folgen bei offiziellen Angaben (z. B Adressen) der jeweiligen Landessprache.

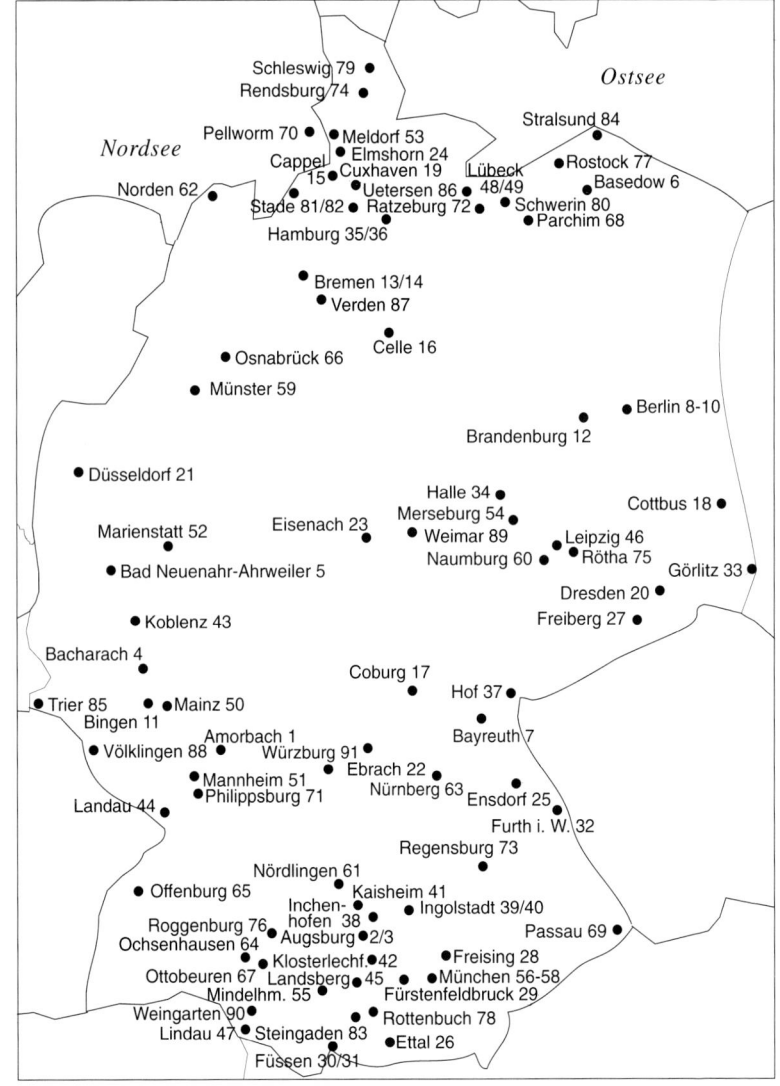

DEUTSCHLAND

1 Ev. Kirche (ehem. Abtei-kirche)
Fürstlich Leiningensche Verwaltung
Schloßplatz 1
D-63916 Amorbach/Odenwald

Kontakt: Verwaltungs- und Beteiligungsgesellschaft; Tel.: 09373/3063
Öffnungszeiten: Mai bis Oktober: Orgelvorführungen Mittwoch und Freitag 15 Uhr, Samstag 11 und 15 Uhr
Konzerte: Ostermontag, Pfingstmontag sowie an einem Sonntag im September um 16 Uhr; Jahresprogramm
Eintritt: Erwachsene DM 5,-; Schüler DM 3,-

Disposition:
4 Manuale und Pedal/66 Register
Echowerk/I. Manual/8 Register
Hauptwerk/II. Manual/16 Register
Positiv/III. Manual/12 Register
Schwellwerk/IV. Manual/16 Register
Pedal/14 Register
Tonumfang Manuale: C-g'''; Pedal: C-f'

Das 1774 bei den Brüdern Johann Philipp und Johann Heinrich Stumm in Auftrag gegebene Orgelwerk wurde 1782 vollendet. Das in weiterem Umkreis berühmt gewordene Instrument wurde 1868 von G.F. Steinmeyer in Erneuerung der mechanischen Anlagen restauriert.

Nach Umänderungen in den Jahren 1882, 1890, 1922 und 1965 wurde durch Gemeinschaftsarbeiten der Fa. Steinmeyer/Oettingen und Johannes Klais/Bonn 1982 eine umfangreiche Restaurierung der Orgel abgeschlossen, welche der erhaltenen Stummschen Substanz in ihrem historischen Wert sowie der klanglichen Überzeugungskraft Rechnung trägt.

(Farbige Abbildung siehe Seite 65)

Ev.-luth. Heilig Kreuz Kirche Augsburg: Süddeutsche Barockorgel (1730), erbaut von Hieronymus Baur und Friedrich Johann Schmahl (2)

2 Ev.-luth. Heilig Kreuz Kirche
Heilig Kreuz Str. 7
D-86152 Augsburg

Kontakt: Pfarrer Dr. Detlef von Dobschütz
Öffnungszeiten: Montag bis Samstag 10-11 Uhr und 15-16 Uhr, Sonntag 10.45-12 Uhr
Konzerte: ja
Eintritt: teilweise

Disposition:
3 Manuale und Pedal/35 Register
Hauptwerk/12 Register
Positiv/10 Register
Echo/5 Register
Pedal/8 Register

Der Bau der süddeutschen Barockorgel wurde 1730 von Hieronymus Baur aus Ulm begonnen und nach dessen Tod von Johann Friedrich Schmahl aus Heilbronn vollendet. Eine Erweiterung des Instruments durch den Einbau eines Rückpositivs fand 1837 statt. Bei der Kirchenrenovierung 1908 wurde eine Steinmeyer-Orgel aus Oettingen eingebaut. Diese Firma nahm 1959 eine klangliche Umstimmung vor. 1991/92 erfolgte der Neubau eines Instruments durch die Fa. Richard Rensch/Lauffen, wobei am äußeren Erscheinungsbild der Orgel nichts verändert wurde. Diese steht wie 1730 echt lutherisch über dem Altar und ragt in den Barockhimmel.

Hoher Dom zu Augsburg: Historische Marienorgel (1904), kleinste Domorgel Deutschlands (3)

3 Hoher Dom Haus St. Ambrosius der Augsburger Dommusik Hoher Weg 30 D-86152 Augsburg

Telefon: 0821/510088
Kontakt: Domorganist Reinhard Kammler, Hoher Weg 30, 86152 Augsburg
Öffnungszeiten: täglich
Konzerte: 30 Minuten Orgelmusik jeden Samstag um 18 Uhr; jeden ersten Samstag im Monat (außer August) Cantate Domino (Geistliche Chormusik)
Eintritt: frei

Dispositionen:
Magnificat-Orgel:
3 Manuale und Pedal/42 Register
Hauptwerk/12 Register
Oberwerk/13 Register
Brustwerk (schwellbar) 7 Register
Pedal/10 Register
Mechanische Register und Spieltraktur
Historische Stimmung

Marienorgel:
2 Manuale und Pedal/36 Register
Hauptwerk/14 Register
Schwellwerk/13 Register
Pedal/9 Register
Traktur: Pneumatische Kegelladen
2 freie Kombinationen, Tutti, Walze

Im Hohen Dom zu Augsburg befinden sich zwei Orgeln.

Die historische Marienorgel im Ostchor wurde 1904 von Borgias März erbaut und 1984 von Rudolf Kubak/ Augsburg restauriert. Diese kleinste Domorgel Deutschlands ist geprägt von süddeutscher Orgelromantik.
Die neue Magnificatorgel im Nordschiff, 1988 von Rudolf Kubak erbaut, ist als hochwertige, nach konsequenten Bauprinzipien konzipierte Orgel eine ideale Ergänzung zur historischen Marienorgel. Das neue Instrument erlaubt ein für den romanischen Teil des Domes differenziertes Orgelspiel, besonders der Barockmusik. Die Kirchenmusik am Hohen Dom zu Augsburg hat eine große Tradition, zum Beispiel während der Renaissancezeit mit Namen wie di Lasso, Gabrieli und Haßler. Heute bieten Domchor und Domsingknaben gemeinsam und im Wechsel ein anspruchsvolles kirchenmusikalisches Programm, das alle Stilepochen umfaßt.

4 Peterskirche
Ev. Kirchengemeinde
Bacharach-Steeg
Koblenzer Str. 8
D-55422 Bacharach

Telefon: 06743/1219
Kontakt: siehe oben
Öffnungszeiten: März bis November
9-18 Uhr
Konzerte: unregelmäßig

Disposition:
2 Manuale und Pedal/26 Register
Hauptwerk/12 Register
Positiv/10 Register
Pedal/4 Register

Die frühere Stiftskirche und jetzige evangelische Peterskirche ist eines der letzten spätromanischen Bauwerke des Rheinlands. Von der 1792 von Johann Michael Engers erbauten Orgel wurden 1826 anläßlich des Neubaus eines Instruments das Gehäuse mit den Prospektpfeifen des Prinzipals sowie drei Pedalregister übernommen. Diesen Neu- und Umbau führten Franz Heinrich und Carl Stumm durch. Nach einer Restaurierung durch die Gebrüder Oberlinger 1975 ist das Werk heute in einem guten historischen Zustand.

5 Kath. Pfarrkirche
St. Laurentius
Marktplatz 13
D-53474 Bad Neuenahr-Ahrweiler

Telefon: 02641/34436
Fax: 02641/37119
Kontakt: Organist Klaus Dieter Holzberger, Marktplatz 15, D-53474 Bad Neuenahr-Ahrweiler
Öffnungszeiten: täglich
Konzerte: 10 bis 12 pro Jahr; Orgelvorführungen nach Vereinbarung
Eintritt: Türkollekte

Disposition:
3 Manuale und Pedal/47 Register
Hauptwerk/I. Manual/11 Register
Oberwerk/II. Manual/12 Register
Schwellwerk/III. Manual/14 Register
Pedal/10 Register
Tonumfang Manuale C-a''';
Pedal C-g'

Am 23. September 1728 wurde die Orgel des Balthasar König aus Münstereifel in der Pfarrkirche aufgestellt. Ludwig van Beethoven soll anläßlich seiner Besuche in Ahrweiler 1781 auf ihr gespielt haben. 1903 erbaute Georg Stahlhuth/Aachen ein neues Werk mit deutlich französischem Einfluß in Bauart und Klangbild. Diese Orgel verstummte endgültig während der Christmette 1953. Johannes Klais/Bonn erstellte 1956 eine neue Orgel mit neobarokker Disposition, unter Verwendung einiger wertvoller Stahlhuth-Register.
1991 erfogte der Neubau des jetzigen Instruments im restaurierten Gehäuse durch die Fa. Fischer & Krämer, die um die badisch-elsässische Orgeltradition (Andreas Silbermann) bemüht ist. Bei der Konstruktion wurden Register von 1903

Kath. Pfarrkirche St. Laurentius, Bad Neuenahr-Ahrweiler: Orgel im Neubau von 1991 mit Übernahme der Register von 1903 und 1956 (5)

und 1956 wiederverwendet, deren charakteristische Merkmale in der neuen Fischer & Krämer-Orgel verschiedene Epochen des Orgelbaus erkennen lassen. Mit 3412 Pfeifen hat die Orgel eine Größe, die dem wundervollen gotischen Kirchenraum angemessen ist.

6 Dorfkirche
D-17139 Basedow

Telefon: 039957/20834
Kontakt: Pfarre Basedow
Öffnungszeiten: keine
Konzerte: von Pfingsten bis Advent 10 Konzerte
Eintritt: ja

Disposition:
3 Manuale und Pedal/36 Register
Rückpositiv/8 Register
Oberwerk/Hauptwerk/10 Register
Brustwerk/Hinterwerk/9 Register
Pedal/9 Register
Tonumfang Manuale C, D, E-c′′′;
Pedal C, D, E-c′

Schon 1615 befand sich eine Orgel in Basedow, von der aber nichts Genaueres überliefert ist. Von 1680 bis 1683 erbauten Heinrich Herbst und Sohn sowie Samuel Gercke aus Güstrow ein Werk mit 36 Registern auf drei Manualen und Pedal. Das Gehäuse erhielt thematisch bemalte Türen und Vorhänge. Eine Reihe von Orgelbauern arbeitete im Laufe der Jahrhunderte an diesem Instrument, um es dem jeweiligen Zeitgeist anzupassen.
Nach stärkerem Verfall der Orgel nahm die Potsdamer Firma Schuke 1980 bis 1982 eine gründliche Restaurierung vor, bei der sie unter anderem rekonstruierte Orgelteile einsetzte. Unter Aufsicht des Instituts für Denkmalpflege Schwerin erhielt auch das Gehäuse den Glanz seiner alten Schönheit zurück.

(Farbige Abbildung siehe Seite 65)

7 Stadtkirche »Heilig Dreifaltigkeit«
Kanzleistr. 11
D-95444 Bayreuth

Telefon: 0921/59650
Kontakt: KMD Richard Lah; Tel.: 0921/59667
Öffnungszeiten: täglich 9-18 Uhr
Konzerte: wechselnd
Eintritt: ja

Disposition:
4 Manuale und Pedal/60 Register
Rückpositiv/I. Manual/10 Register
Hauptwerk/II. Manual/12 Register
Schwellwerk/III. Manual/14 Register
Brustwerk/IV. Manual/9 Register
Pedal/15 Register
Tonumfang Manuale C-g′′′;
Pedal C-f′

Die erste Orgel schuf 1573 Meister Hermann Raphael Rottenstein aus Zwickau. 1596 erweiterte Timotheus Cumpenius die Rottenstein-Orgel, deren Werk 1605 bei einem

Stadtkirche »Heilige Dreifaltigkeit«, Bayreuth: Nach dreimaligem Orgelbrand erbaute die Fa. Steinmeyer & Co. 1961 das jetzige Werk (7)

Stadtbrand zerstört wurde. Der Neubau von 1619 durch den kursächsischen Hoforgelbauer Gottfried Fritzsche wurde durch einen zweiten Brand 1621 vernichtet. 1653 erfolgte der Neubau einer großen Barockorgel durch Matthias Tretzscher, der u. a. die Orgeln im Dom zu Würzburg und im Münster zu Straßburg schuf. Der Tretscher-Orgel war trotz vieler Umbauten eine lange Lebensdauer beschieden. Erst 1913 wurde sie durch ein Monumentalwerk mit 4065 Pfeifen von der Fa. Strebel/Nürnberg abgelöst, wobei der neue Prospekt die gesamte Breite des Westchores einnahm. Diese Orgel war zu ihrer Zeit eine der größten und besten in Bayern. Ein dritter Orgelbrand zerstörte 1918 auch dieses Werk. Seit 1923 stand ein Übergangsinstrument in der Bayreuther Stadtkirche, bis 1961 die Fa. Steinmeyer/Oettingen mit der Aufstellung des jetzigen Werkes beginnen konnte, das klanglich ein Musterbeispiel des süddeutschen Orgeltyps darstellt.

Franz. Friedrichstadtkirche, Berlin: Orgel der Fa. Eule/Bautzen (1985) mit Übernahme des originalen, vergoldeten Schnitzwerks der Schmaltz-Orgel von 1755 (8)

8 Franz. Friedrichstadtkirche
Gendarmenmarkt 5
D-10117 Berlin

Telefon: 030/2291522
Kontakt: Kantor Kilian Nauhaus, Adresse siehe oben;
Tel.: 030/2291307 oder 2291522
Öffnungszeiten: Dienstag bis Samstag 12-17 Uhr, Sonntag 13-17 Uhr
Konzerte: Orgelkonzerte am ersten Donnerstag jedes Monats um 19.30 Uhr
Eintritt: nein

Disposition:
3 Manuale und Pedal/31 Register
I. Manual = Koppelmanual
II. Manual/Hauptwerk/12 Register
III. Manual/Positiv/10 Register
Pedal/9 Register
Tonumfang Manuale C-a‴;
Pedal C-f‴ (Extensionen)

Der Berliner Orgelbauer Leopold Christian Schmaltz erstellte um 1755 eine Barockorgel für die Gemeinde der Hugenotten in der Französischen Friedrichstadtkirche. Das Werk mußte 1906 einem pneumatischen Instrument der Gebrüder Dinse weichen, das 1937 von Karl Schuke/Berlin umgebaut und 1944 mit der ganzen Kirche dem Zweiten Weltkrieg zum Opfer fiel. Nach Wiederaufbau der Kirche 1985 wurde von der Fa. Eule/Bautzen eine neue Orgel konstruiert, deren Prospekt dem der Schmaltz-Orgel gleicht, an dem aber nur das vergoldete Schnitzwerk original ist. Mit diesem Werk wurde ein Instrument geschaffen, auf dem sich klassische französische Orgelliteratur besonders gut darstellen läßt.

9   St.-Hedwigs-Kathedrale
Dompfarramt St. Hedwig
Hinter der Kath. Kirche 3
D-10117 Berlin

Telefon: 030/2034810
Fax: 030/2082408
Kontakt: Domorganist Thomas Sauer
Öffnungszeiten: Montag bis Samstag 10-17 Uhr, Sonn- und Feiertage 13-17 Uhr
Konzerte: Orgelvesper mit liturgischem Anteil (ca. 60 Min.) jeden ersten Sonntag im Monat um 16.30 Uhr; Orgelmusik (ca. 30 Min.) jeden Mittwoch um 15 Uhr
Eintritt: frei (Spende)

Disposition:
3 Manuale und Pedal/67 Register
Rückpositiv/I. Manual/16 Register
Hauptwerk/II. Manual/16 Register
Schwellwerk/III. Manual/18 Register
Pedal/17 Register
Tonumfang Manuale C-a''';
Pedal C-g'

Orgel von 1975/77 in der St.-Hedwigs-Kathedrale, Berlin. (9)

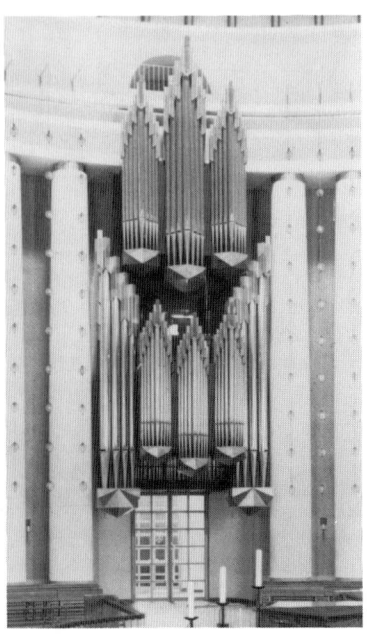

Die erste Orgel in St. Hedwig muß laut einer Quelle aus dem Jahre 1773 noch gänzlich ohne Zierat gewesen sein. Im Laufe der Jahrzehnte erweiterte die Orgelbauwerkstatt Menke das Instrument und gestaltete den Prospekt in dem Barock nachempfundener Manier. Als man St. Hedwig zur bischöflichen Kathedrale erhob, wurde die Kirche von 1930 bis 1932 umgebaut. Der alten Orgel, die an die Berliner Pfarrkirche »Heilige Familie« übergeben wurde, folgte ein Neubau einer Domorgel durch die Fa. Klais/Bonn. Am 2. März 1943 wurde die St.-Hedwigs-Kathedrale bei einem Bombenangriff völlig zerstört.
Nach Wiederaufbau der Kirche in den 60er Jahren erstellte die Fa. Alexander Schuke/Potsdam zunächst ein kleines Werk mit 10 Registern. Eine der Bischofkirche angemessene Orgel wurde von 1975 bis 1977 wiederum von der Fa. Klais erbaut. Gemessen an ihrer Vorgängerin bietet dieses Instrument klanglich wie technisch die Möglichkeit, die große europäische Orgelmusik differenziert zu interpretieren.

10   St. Marien
Ev. Kirchengemeinde
St. Marien – St. Nikolai
Karl Liebknechtstraße 8
D-10178 Berlin

Telefon: 030/2424467
Kontakt: siehe oben
Öffnungszeiten: keine Angaben
Konzerte: unterschiedlich

Disposition:
3 Manuale und Pedal/57 Register
I. Manual/14 Register
II. Manual/13 Register
III. Manual/16 Register
Pedal/14 Register
Tonumfang Manuale C-c'''';
Pedal C-f'

Die 1720/21 von Joachim Wagner/Magdeburg erbaute Orgel zeigte schon die Merkmale eines Werkes, das vom Spätbarock zur Frühromantik weist. Die Wagner-Orgel erfuhr tiefgreifende Veränderungen, als der Orgelbau-Reformator Abbé Vogler sie 1800 durch den Berliner Orgelbauer Johann F. Falckenhagen »simplifizieren« ließ. Dabei wurden von den 2556 Pfeifen 1555 als angeblich überflüssig entfernt. Mit dieser verstümmelten Orgel mußte man sich drei Jahrzehnte abfinden, bis 1829/30 die Fa. Simon Buchholz/Berlin die Marienorgel wieder in ihren ursprünglichen Zustand versetzte. Ein weiterer wesentlicher Umbau erfolgte 1908 durch Wilhelm Sauer/Frankfurt/Oder.

Das Werk blieb im Zweiten Weltkrieg verschont, die Marienkirche wurde 1945 zur evangelischen Bischofskirche Berlins erhoben. Karl Schuke/Potsdam nahm eine gründliche Restaurierung vor, bei der er historische Bauelemente des Instruments mit moderner Technik kombinierte sowie das rekonstruierte Wagnersche Pfeifenwerk wiederverwendete.

11 Basilika St. Martin
Kath. Pfarramt St. Martin
Zehnthofstr. 14
D-55411 Bingen

Telefon: 06721/15059
Kontakt: Küster Franz-Josef Rudolf oder Organist Hans-Georg Hauer
Öffnungszeiten: Montag bis Samstag 8-17 Uhr, Sonntag 8-20 Uhr
Konzerte: drei in den Sommerferien sonntags um 17.30 Uhr
Eintritt: Kollekte

Disposition:
4 Manuale und Pedal/46 Register
Hauptwerk/9 Register
Rückpositiv/8 Register
Oberwerk/11 Register
Brustwerk/7 Register
Pedal/11 Register

1884 fand die Einweihung einer dreimanualigen Orgel mit 42 Stimmen, von Schlimbach/Würzburg erbaut, statt. Johannes Klais/Bonn nahm 1929 die Umgestaltung dieses Werkes vor, das zu Ehren der Hl. Hildegard (Äbtissin des Klosters Rupertsberg) als Hildegardisorgel geweiht wurde. Das rheinauf und rheinab bekannte, herrliche Orgelwerk wurde 1944 bei einem Bombenangriff völlig zerstört.

Seit 1970 befindet sich auf der Westempore der Basilika wieder eine neue große Hildegardisorgel, die Paul Ott/Göttingen erbaut hat. Bis fast in das Gewölbe hinein ragt der symmetrisch gegliederte Prospekt, dessen Instrument den Kirchenraum mit strahlender Klangschönheit erfüllen kann.

12 St. Katharinenkirche
Ev. Gemeindeamt
St. Katharinen
Katharinenplatz 2
D-14776 Brandenburg

Telefon: 03381/521162
Kontakt: Organist Fred Litwinski, Havelstr. 15, D-14778 Klein-Kreutz
Öffnungszeiten: 10-16 Uhr
Konzerte: Juli und August jeden Montag um 19.30 Uhr und viele Sonderkonzerte
Eintritt: unterschiedlich

Disposition:
3 Manuale und Pedal/48 Register
Hauptwerk/I. Manual/13 Register
Oberwerk/II. Manual/12 Register
Schwellwerk/III. Manual/12 Register
Pedal/11 Register

Von dem märkischen Orgelbauer Joachim Wagner stammt das 1726 errichtete Werk, von dem noch der prachtvolle Prospekt und einige wenige Register existieren. 1899 wurde die Orgel von der Fa. Sauer/Frankfurt/Oder, 1936 von der Fa. Karl Schuke/Potsdam umgebaut und erweitert.

Größte Orgel der Stadt Brandenburg in der St. Katharinenkirche mit noch erhaltenem Prospekt und Register des Orgelbauers Joachim Wagner von 1726 (12)

Die Fa. Schuke nahm 1993 eine umfassende Restaurierung mit teilweiser Neuintonation vor, auch eine 64fache Setzerkombination sowie ein neuer Spieltisch wurden erstellt. Dieses Werk ist die größte Orgel der Stadt Brandenburg.

13   St.-Martini-Kirche
Martinikirchhof 3
D-28195 Bremen

Kontakt: Küster Martin Lutter oder Organistin Ruth Lengemann
Öffnungszeiten: Mitte Mai bis Mitte September 10.30-12.30 Uhr oder nach Vereinbarung
Konzerte: nein

Disposition:
3 Manuale und Pedal/33 Register
Hauptwerk/9 Register
Rückpositiv/10 Register
Brustwerk/6 Register
Pedal/8 Register

Der Bremer Holzschnitzer Hermen Wulff schuf 1603/04 den prachtvollen barocken Orgelprospekt, der in filigraner Arbeit die Verbindung zwischen dem irdischen und dem himmlischen Jerusalem aufzeigt. Während des Zweiten Weltkriegs war dieser Prospekt ausgelagert, so daß er in seiner historischen Substanz fast vollständig erhalten blieb, während das alte Orgelwerk von Furtwängler & Hammer, 1894 durch Kriegseinwirkung zerstört wurde. Die Orgelbaufirma Ahrend und Brunzema/Leer baute 1960 ein neues Instrument in das herrliche Gehäuse. Der besonders farbige Klang dieser Orgel orientiert sich an barocken Vorbildern.

14 Unser Lieben Frauen Kirche
Unser-Lieben-Frauen-Kirchhof 27
D-28195 Bremen

Telefon: 0421/324914
Kontakt: Kantor Ansgar M.-Nanninga; Tel.: 0421/324915
Öffnungszeiten: April bis September: Montag bis Freitag 10-12.30 Uhr und 14-16.30 Uhr, Samstag 10-12.30 Uhr, Sonntag 11.30-13 Uhr; Oktober bis März: Montag bis Freitag 10.30-12.30 Uhr und 14-16 Uhr, Samstag 10.30-12.30 Uhr, Sonntag 11.30-13 Uhr
Konzerte: Vesper mit Knabenchor am ersten Samstag im Monat
Eintritt: frei

Disposition:
3 Manuale und Pedal/40 Register
Hauptwerk/11 Register
Rückpositiv/9 Register
Brustwerk/8 Register
Pedal/12 Register
Tonumfang Manuale C-f‴; Pedal C-f′

Die älteste Pfarr- und ehemalige Ratskirche am Markt besaß schon im 14. Jahrhundert eine Orgel. Wie aus Chroniken ersichtlich, renovierten die niederländischen Orgelbauer Cornelius und Michael Slegel aus Zwolle 1561 ein Werk, das sehr gelobt wurde. Dieses Instrument mußte 1641 einem Neubau der Fa. Johann Sieburg/Göttingen Platz machen, das gegen Ende des 17. Jahr-

hunderts von Arp Schnitger gründlich renoviert und teilweise umgebaut wurde.
Fast 200 Jahre später, 1871, erstellte die Fa. Schulze/Paulinzella ein neues Werk, das 1930 durch ein Instrument von Steinmeyer/Oettingen ersetzt wurde. Nach Zerstörung während des Zweiten Weltkriegs baute die Fa. Paul Ott/Göttingen 1953 die jetzige Orgel, die 1984 durch Karl Schuke/Berlin eine gründliche Restaurierung sowie Neugestaltung des Gehäuses erfuhr und sich heute durch einen Reichtum an Klangfarbe auszeichnet.

15 St. Peter und Paul
Verwaltung Samtgemeinde Land Wursten
D-27632 Cappel

Kontakt: Organistin Siegrid Jentzsch; Tel.: 04741/3323; Küsterin Anke Uphoff; Tel.: 04741/2167
Öffnungszeiten: nach Vereinbarung und im Juli und August Donnerstag 18 Uhr; Gottesdienst jeder zweite und vierte Sonntag im Monat um 10.30 Uhr
Konzerte: zweiter Samstag im Juni, September und Dezember um 17 Uhr (Anfragen Tel.: 04741/1324)
Eintritt: ja

Disposition:
2 Manuale und Pedal/30 Register
Hauptwerk/I. Manual/11 Register
Rückpositiv/II. Manual/10 Register
Pedal/9 Register
Tonumfang Manuale C, D, E-c‴; Pedal C, D-d′

1680 vollendete Arp Schnitger den Bau einer Orgel mit 30 Registern für die Kirche St. Johannis in Hamburg. Er verwendete dabei ein Drittel des Pfeifenmaterials der Vorgänger-Orgel, die in der Mitte des 16. Jahrhunderts entstanden war. Bei diesem Werk Schnitgers handelte es sich um das erste Orgelprojekt, das der Meister selbständig ausführte. Es war der Beginn einer Karriere von Weltruf für den 32jährigen Schnitger.

In der St. Peter und Paul Kirche in Cappel befindet sich die wertvollste der noch existierenden Schnitger-Orgeln (15)

1816 wurde Schnitgers Instrument nach St. Peter und Paul in Cappel verkauft, um für die 1810 bei einem Kirchenbrand zerstörte Orgel von Georg Wilhelm Wilhelmy Ersatz zu schaffen. Geringfügige Änderungen (Windanlage) hat die historische Substanz des Instruments fast unberührt überstanden. Auch die für Kriegszwecke 1917 beschlagnahmten originalen Prospektpfeifen aus Bleizinn sind erhalten.
Das Instrument wurde 1976/77 von der Fa. Rudolf von Beckerath/Hamburg sorgfältig restauriert. In ihrem kunstvollen hochbarocken Prospekt ist sie die wertvollste der noch existierenden Schnitger-Orgeln.

Die evangelisch-reformierte Kirche in Celle beherbergt in der Stadt die einzige und älteste vollständig erhaltene Orgel, die 1849 von der Fa. Eduard Meyer erbaut wurde (16)

16 **Ev.-ref. Kirche**
Hannoversche Straße 61
D-29221 Celle

Telefon: 05141/25540
Kontakt: Pastor Andreas Flick
Öffnungszeiten: nach Vereinbarung
Konzerte: ja

Disposition:
2 Manuale und Pedal/14 Register
I. Manual/6 Register
II. Manual/4 Register
Pedal/4 Register

Die erste Orgel (der damals noch französisch-reformierten Kirche) schuf 1744 Orgelbaumeister Christian Vater, ein ehemaliger Geselle Arp Schnitgers. Vater erbaute unter anderem auch die große Orgel der »Oude Kerk« in Amsterdam. 1762 nahm die Fa. Georg Stein/Erfurt eine gründliche Reparatur vor, änderte aber nichts Grundsätzliches an dem Werk.
1849 kam es zum Neubau der jetzigen Orgel durch die Fa. Eduard Meyer/Hannover, die dabei einen Teil des alten Pfeifenmaterials verwendete. Trotz Orientierung am frühromantischen Klangideal ist die Konzeption der Orgel eher als kon-

servativ, traditionell – im Sinne des spätbarocken Orgelbaus – zu bezeichnen. Zwischenzeitlich kam es zu geringfügigen Änderungen des Werkes, zum Beispiel entfernte man einige hochliegende Register und ersetzte sie durch grundtönige, um das Instrument der hochromantischen Musik zu öffnen. Die Orgelbauer Ahrend und Brunzema/Leer machten während einer Restaurierung 1961 diese Eingriffe wieder rückgängig. Nach einer 1982 durch die Fa. Walcker/Ludwigsburg erfolgten umfangreichen Reparatur ist die Orgel die einzige und älteste vollständig erhaltene in Celle.

17 St. Moriz
Kirchplatz 1
D-96450 Coburg

Telefon: 09561/9871
Kontakt: Stadtkantor Peter Stenglein, Pilgramsroth 93a, D-96450 Coburg; Stadtkirchner Matthias Braunschmidt, Pfarrgasse 6, D-96450 Coburg
Öffnungszeiten: täglich von 8-17 Uhr
Konzerte: Orgelmatineen im Sommer jeweils um 11 Uhr; Orgeltage im September; unregelmäßige Konzerte sonntags 16 oder 17 Uhr; Silvesterkonzert 22 Uhr
Eintritt: unterschiedlich

Disposition:
3 Manuale und Pedal/54 Register
Hauptwerk/I. Manual/12 Register
Oberwerk/II. Manual/12 Register
Schwellwerk/III. Manual/16 Register
Pedal/14 Register
Cymbelstern im Hauptwerk, Glockenspiel im Oberwerk

Schon zu Beginn des 15. Jahrhunderts soll in St. Moriz eine Orgel in Gebrauch gewesen sein. 1666 wurde ein Werk des Orgelbauers Matthias Tretzscher aus Kulmbach eingeweiht. Nach Abriß dieser Orgel er-

folgte 1740 ein Neubau durch Wolfgang Heinrich Daum/Coburg, der auch den reich verzierten, dreigeschossigen Prospekt mit 18 Pfeifenfeldern schuf. 1972 führte die Fa. Oskar Walcker/Ludwigsburg eine so tiefgreifende Umgestaltung des Instruments durch, daß eine völlig neue Charakteristik der Register entstand. Die jetzige neue Orgel im restaurierten Daumschen Prospekt erstellte 1989 die renommierte Orgelbaufirma Karl Schuke/Berlin.

18 Oberkirche St. Nikolai
Ev. Oberkirchengemeinde
St. Nikolai
Gertraudtenstr. 1
D-03046 Cottbus

Telefon und Fax: 0355/24763
Kontakt: Organist und Kantor Wilfried Wilke, Gertraudtenstr. 1, D-03046 Cottbus; Tel.: 0355/24072
Öffnungszeiten: Montag bis Samstag 10-12 Uhr und 13-17 Uhr, Sonntag 13-17 Uhr
Konzerte: Regelmäßige Orgelkonzerte, siehe Jahresprogramm
Eintritt: ja

Disposition:
3 Manuale und Pedal/50 Register
Hauptwerk/I. Manual/13 Register
Schwellwerk/II. Manual/15 Register
Brustwerk/III. Manual/10 Register
Pedal/12 Register
Tonumfang Manuale C-a''';
Pedal C-f'

Die Orgel in St. Nikolai ist ein Jubiläumswerk der Fa. Eule/Bautzen und als deren fünfhundertster Orgelbau 1984 entstanden. Das Instrument ist in einem Gehäuse untergebracht, das ein 1759 von den Silbermann-Schülern und -Nachfolgern Johann Georg Schön und Adam Gottfried Oehme geschaffenes Werk beherbergte, welches aus der 1906 abgebrochenen Nikolaikirche in Hainichen/Sachsen stammt.

19 St. Nicolai Kirche Altenbruch
Bei den Türmen 1
D-27478 Cuxhaven

Kontakt: Ev.-luth. Kirchenge-meinde; Tel.: 04722/2514 und 2901
Öffnungszeiten: Mai bis Oktober 14-17 Uhr
Konzerte: in den Sommermonaten je einmal
Eintritt: Erwachsene DM 8,-; Studenten und Auszubildende DM 5,-

Disposition:
3 Manuale und Pedal/35 Register
Hauptwerk/9 Register
Rückpositiv/12 Register
Brustwerk/6 Register
Pedal/8 Register
Tonumfang Manuale: C, D, E, F, G, A-c‴; Pedal C, D, E-d′

Johannes Coci aus Bremen erbaute 1497/98 ein einmanualiges Instrument mit sechs Registern, dem um 1561 ein Positiv und um 1621 ein selbständiges Pedal hinzugefügt wurden. Wesentliche Veränderungen erfolgten von 1647 bis 1649 durch Hans Christoph Fritzsche und von 1697 bis 1699 durch Matthias Dropa.
Der Erbauer der jetzigen Orgel ist Johann Heinrich Klapmeyer/Glückstadt aus der Schule Arp Schnitgers, der bei der Neugestaltung von 1727 bis 1730 den alten Orgelbestand teilweise bewahrte. Die Bemalung des Gehäuses nahm Johann August von Arnold vor.
Es folgten Instandsetzungen 1925 durch Karl Kemper, 1956 bis 1958 durch Paul Ott und 1965 bis 1967 durch die Fa. Rudolf von Beckerath/Hamburg.

Dreimanualige Orgel in der St. Nicolai Kirche in Cuxhaven-Altenbruch, von J. H. Klapmeyer (19) ▽

Kathedrale Ss. Trinitatis (Kath. Hofkirche) in Dresden: Detail des Prospekts (20) △

20 Kathedrale Ss. Trinitatis (Kath. Hofkirche)
Schloßplatz
D-01067 Dresden

Kontakt: Dompfarramt der Kathedrale, Schweriner Str. 27, D-01067 Dresden; Tel.: 0351/4992112; Domorganist Hans Jürgen Scholze; Tel.: 0351/4714793
Öffnungszeiten: Montag bis Freitag 9-17 Uhr, Freitag 13-17 Uhr, Samstag 10.30-16 Uhr (Mai bis Oktober) bzw. 10.30-17 Uhr (November bis April), Sonntag 12-16 Uhr und zu den Gottesdiensten
Konzerte: Orgelvorspiel Mittwoch 11.45-12.15 Uhr; Mai bis Oktober: Orgelvesper Samstag 16 Uhr; Programm
Eintritt: frei, Spenden erbeten

Disposition:
3 Manuale und Pedal/47 Register
Hauptwerk/15 Register/Tremulant
Oberwerk/14 Register/Schwebung
Brustwerk/10 Register
Pedal/8 Register
Tonumfang Manuale C, D-d''';
Pedal C, D-d'
Manualschiebekoppeln: Brustwerk an Hauptwerk,
Oberwerk an Hauptwerk
Baßventil: Hauptwerk an Pedal

Mit 47 Registern auf drei Manualen und Pedal und etwa 3000 Pfeifen ist sie das letzte und größte Werk des Königl. Polnischen und Kurfürstlichen Sächsischen Land- und Hoforgelbaumeisters Gottfried Silber-

mann. Er erlebte die Vollendung der Orgel nicht mehr. Sein Neffe Joh. Andreas Silbermann und sein ehemaliger Geselle Zacharias Hildebrandt führten den Bau zu Ende. Die Weihe fand am 2. Februar 1755 statt. Die Orgel erfuhr eine wechselvolle Geschichte. Besonders schwerwiegende Eingriffe wurden am Pfeifenwerk vorgenommen, um mehrere Male die Stimmung der Orchesterstimmung anzugleichen.
1944 wurde das gesamte klingende Werk ausgelagert und entging so der Vernichtung. Nur das Gehäuse verblieb in der Kirche und verbrannte bei der Zerstörung am 13. Februar 1945 völlig.
Pfingsten 1971 fand die festliche Wiedereinweihung der von der Orgelbaufirma Jehmlich in Dresden restaurierten Orgel statt. Der Prospekt wurde an Hand von Fotografien nachgestaltet. Die Orgel erklingt als nunmehr noch einzige der ursprünglich drei Silbermann-Orgeln Dresdens in Gottesdiensten. Orgelvespern und Orgelführungen werden von zahlreichen in- und ausländischen Organisten und Orgelfreunden besucht und gespielt und mit viel Lob bedacht. Ein sehr gewichtiges Lob wurde allerdings schon vor 200 Jahren ausgesprochen. Es war Wolfgang Amadeus Mozart, der auf seiner letzten Kunstreise 1789 die Orgel spielte und seiner Begeisterung mit den Worten Ausdruck gab: »Dies sind über die Maßen herrliche Instrumente«.
(Farbige Abbildung siehe Seite 66)

21 St. Maximilian Kath. Pfarrgemeinde St. Maximilian Schulstr. 15 D-40213 Düsseldorf

Kontakt: Organist Werner Lechte, Citadellstr. 2A, D-40213 Düsseldorf; Küster Marion Henninghaus, Citadellstr. 2, D-40213 Düsseldorf
Öffnungszeiten: täglich 8-12 Uhr und 15-19 Uhr
Konzerte: regelmäßig, Jahresprogramm
Eintritt: unterschiedlich

Disposition:
3 Manuale und Pedal/50 Register
Hauptwerk/13 Register
Schwellwerk/15 Register
Brustwerk/10 Register
Pedal/12 Register
Tonumfang Manuale C-a'''; Pedal C-f'

Mit der von dem Kölner Orgelbauer Christian Ludwig König 1753 fertiggestellten Orgel schuf dieser ein für die damalige Zeit umfangreiches Instrument mit 39 Registern auf 3 Manualen und selbständigem Pedal. Im Laufe der Geschichte erfuhr das Werk mehrfach Veränderungen, durch die zum Teil, wie während einer Renovierung 1831, mehr verdorben als verbessert wurde. Die im Ersten Weltkrieg beschlagnahmten Prospcktpfeifen schmolz man für Kriegszwecke ein. Noch 1934/35 wurde historisches Registermaterial gegen modernes ausgetauscht, was aus heutiger Sicht unverständlich erscheint. Weitere Renovierungen in den Jahren 1961 und 1968 brachten ebenfalls keine Verbesserungen. Die Fa. Gebrüder Oberlinger/Windesheim erstellte 1977 ein neues Instrument unter Verwendung übriggebliebenen historischen Materials. Mit besonderer Sorgfalt wurde der wunderschöne, klar gegliederte Prospekt restauriert, dem ein in allen Einzelheiten identisches Untergehäuse angepaßt wurde. Alte und neue Register sind nun wohltuend auf den Kirchenraum abgestimmt.

22 Kath. Pfarrkirche »Mariä Himmelfahrt« ehem. Zisterzienserabteikirche Kath. Pfarramt Ebrach Bambergerstr. 8 D-96157 Ebrach

Telefon: 09553/266
Kontakt: Pfarrer Förster
Öffnungszeiten: Mitte April bis Ende Oktober von 9.30-12 Uhr und 14-18 Uhr
Konzerte: drei bis vier im Jahr: am Pfingstmontag auf den beiden historischen Chororgeln, Juli/August und Ende September/Anfang Oktober auf der Hauptorgel und den beiden Chororgeln
Eintritt: ja

Disposition:
Hauptorgel:
4 Manuale und Pedal/56 Register
Hauptwerk/I. Manual/11 Register
Oberwerk/II. Manual/12 Register
Schwellwerk/III. Manual/16 Register
Bombardewerk/IV. Manual/5 Register
Pedal/12 Register
Tonumfang Manuale C-g''';
Pedal C-f'

Die Kirche besitzt drei historische Orgeln. Am westlichen Abschluß des Mittelschiffs befindet sich die Empore mit der von Johann Philipp Seuffert/Würzburg 1742/43 geschaffenen Hauptorgel, deren Prospektgebälk mit den musizierenden Engeln die gotische Fensterrose malerisch umrahmt.
Das Gehäuse und über 800 Pfeifen blieben bei einem Umbau im Jahre 1902 erhalten.
Die Fa. Eisenbarth/Passau baute 1984 ein neues Werk und stellte anhand überlieferter Disposition die alte Seuffert-Orgel mit den ursprünglichen Mensuren wieder her. Zusätzlich konstruierte man ein Schwellwerk und ein mit spanischen Trompeten bestücktes Bombardewerk sowie ein zusätzliches Pedal, um auch die nachbarocken Noten-

sätze spielen zu können. Die Chororgeln schuf von 1753 bis 1760 Johann Christian Köhler/Frankfurt/Main.
Die zweimanualige Evangelienorgel mit 23 Registern und die einmanualige Epistelorgel mit 13 Stimmen sind in ihrem historischen Bestand nahezu erhalten und wurden 1954 von der Fa. Steinmeyer/Oettingen restauriert.
Auf diesen historischen Instrumenten kann die barocke und vorklassische Musik für zwei Orgeln gespielt werden.

1840 erfolgte der Neubau eines Instruments durch die Fa. Holland/ Schmiedefeld, das jedoch schon 1911 von einem neuen Werk der Fa. Jehmlich/Dresden abgelöst wurde, auf dem auch Max Reger mehrmals musizierte. Nach weiteren Änderungen durch die Fa. Walcker 1932 und die Fa. Jehmlich 1958 erstellte die VEB Potsdamer Schuke-Orgelbau 1982 das jetzige Instrument.
Rege kirchenmusikalische Aktivitäten zeichnen die Eisenacher Georgenkirche aus, in der die Chor- und Orgelwerke Johann Christoph Bachs ihre Uraufführungen erlebten und in der auch Georg Philipp Telemann wirkte.

23 St. Georg am Markt
D-99817 Eisenach

Telefon: 03691/213126
Kontakt: Küster Hartmut Schmidt oder Organist Wolfgang Platzdasch
Öffnungszeiten: im Sommer 10-17.30 Uhr, im Winter stundenweise
Konzerte: Eisenacher Bachtage von März bis Juni; Chorfestivals, Orgelkonzerte usw. Juni bis Dezember; Jahresprogramm
Eintritt: ja

Disposition:
3 Manuale und Pedal/60 Register
Hauptwerk/I. Manual/13 Register
Oberseitenwerk/II. Manual/15 Register
Schwellwerk/III. Manual/16 Register
Pedal/16 Register

Gesicherten Überlieferungen zufolge erbaute 1576 Georg Schauenberg das erste Werk in St. Georg, das 1677/78 auch Johann Pachelbel kennenlernte. Auf Betreiben Johann Christoph Bachs kam es 1707 zum Orgelneubau durch Georg Christoph Sterzing. Der mit Schnitzereien reichverzierte Prospekt wurde 1719 vollendet und ist bis heute in originaler Farbigkeit erhalten geblieben. Mitglieder der Familie Bach wirkten über 100 Jahre als Organisten an dieser Orgel.

24 St. Nikolai
St.-Nikolai-Kirchengemeinde
Alter Markt 16
D-25335 Elmshorn

Telefon: 04121/25590
Fax: 04121/29821
Kontakt: Küster Fritz Wohlt; Tel.: 04121/93177
Öffnungszeiten: Montag bis Donnerstag 9-12 Uhr
Konzerte: erster Samstag im Monat und ca. alle zwei Monate
Eintritt: unterschiedlich

Disposition:
3 Manuale und Pedal/33 Register
I. Manual/8 Register
II. Manual/9 Register
III. Manual/7 Register
Pedal/9 Register

Der berühmte Hamburger Orgelbauer Arp Schnitger schuf 1648 das Werk mit 23 klingenden Stimmen. Nach Änderungen im Laufe der Jahrhunderte wurde 1971 von der Fa. Weigle/Stuttgart eine völlige Umgestaltung und Renovierung der Orgel vorgenommen. Sie besitzt jetzt 2328 Pfeifen in einem wunderschön gearbeiteten Gehäuse.

25 Pfarrkirche St. Jacob
Kath. Pfarramt
D-92266 Ensdorf/Obpf.

Telefon: 09624/1220
Kontakt: Kath. Pfarramt Ensdorf
Öffnungszeiten: ganztägig im Sommer; Samstag und Sonntag je nach Gottesdienstzeiten
Konzerte: sonntagsnachmittags oder abends
Eintritt: unterschiedlich

Disposition:
Hauptorgel:
2 Manuale und Pedal/20 Register
Hauptmanual/9 Register
Nebenmanual/6 Register
Pedal/5 Register

Johann Sebastian und Georg Karl Wild/Kirchenrohrbach erstellten von 1739 bis 1741 ein erstes Orgelwerk, 1782 fertigte der Orgelbauer Andreas Weiß/Nabburg ein neues Instrument, während das jetzige Werk 1911 von der Fa. Binder gebaut wurde. Das Werk ist in ein barockes Gehäuse (Hans Georg Grundler 1739/40) eingekleidet und erhebt sich dominierend auf der schön geschwungenen Empore als Gegenüber des Hochaltars aus Stuckmarmor. Der Prospekt ist gut erhalten, während das Instrument nur die Note »zufriedenstellend« erreicht.
Hingewiesen sei auch auf die sogenannte Eggenbergorgel (Orgelbau Manderscheid/Nürnberg) aus dem Jahr 1640 mit den Bildern des Psalmensängers David, ein einmanualiges Werk am linken Kuppelpfeiler der Kirche.

26 Mariä Himmelfahrt
Kath. Pfarramt Mariä Himmelfahrt
D-82488 Ettal

Öffnungszeiten: 8-18 Uhr
Konzerte: im Sommer
Eintritt: teilweise

Disposition:
2 Manuale und Pedal/27 Register
I. Manual/12 Register
II. Manual/8 Register
Pedal/7 Register

Mit 27 klingenden Stimmen und einen Zimbelstern erbaute Joh. Georg Herterich (auch: Hörterich) aus Dirlewang 1763 die Orgel in Ettal. Das Gehäuse stammt von Simon Gantner. Das Werk wurde in den 60er Jahren restauriert und das Pedal auf den Umfang C-f′ erweitert. Die Orgel ist in relativ gutem Zustand und thront oberhalb des gotischen Portals auf der von vier Marmorsäulen getragenen barocken Empore.

Kirche Mariä Himmelfahrt, Ettal: Orgel von Georg Herterich mit Zimbelstern (26)

27   Dom St. Marien
Ev.-luth. Domgemeinde
Untermarkt 1
D-09599 Freiberg/Sachsen

Telefon Kanzlei: 03731/22892
Kontakt: KMD Dietrich Wagler, Obermarkt 18, D-09599 Freiberg; Tel.: 03731/22252
Öffnungszeiten: Führungen von Mai bis Oktober: täglich 10, 11, 14, 15 und 16 Uhr; von November bis April: täglich 11, 14 und 15 Uhr; an Sonn- und kirchlichen Feiertagen: Führung 11 Uhr mit Orgelspiel, sonst Orgelspiel auf Bestellung bei Domführung (Tel.: 22598)
Konzerte: Mitte Mai bis Ende Oktober jeden Donnerstag um 20 Uhr
Eintritt: ja

Disposition:
3 Manuale und Pedal/44 Register
Brustwerk/I. Manual/9 Register
Hauptwerk/II. Manual/13 Register
Oberwerk/III. Manual/13 Register
Pedal/9 Register
Tonumfang Manuale C, D-c‴;
Pedal C, D-c′

Die von Gottfried Silbermann/Freiberg in den Jahren 1711 bis 1714 erbaute Orgel auf der Westempore ist das älteste erhaltene Werk dieses berühmten Orgelbaumeisters. Der Domorganist Elias Lindner entwarf den Barockprospekt und nahm Einfluß auf die Disposition des Instruments. Das herrliche Figurenwerk der musizierenden Engel stammt von Johann Adam Georgi. 1738 wurde das Werk gereinigt und von Silbermann in zwei Registern umdisponiert.
Von 1981 bis 1983 erfolgte eine Restaurierung durch die Orgelbaufirma Jehmlich/Dresden. Die Disposition in der Form von 1738 blieb erhalten. Eine weitere kleine einmanualige Silbermann-Orgel mit Originaldisposition (1719 erbaut) befindet sich nach der Überführung aus der Freiberger Johanniskirche im Jahr 1939 auf der linken Lettnerseite des Domes.

Dom St. Marien, Freiberg: Die große Gottfried-Silbermann-Orgel (erbaut 1711-1714) ist das älteste erhaltene Werk des berühmten Orgelbaumeisters (27)

28   Mariendom
Domberg 27
D-85354 Freising

Telefon: 08161/181193 oder 08761/61566
Kontakt: KMD Wolfgang Kiechle
Öffnungszeiten: 7-12 Uhr und 14-17 Uhr (Sommer bis 18 Uhr)
Konzerte: Jahresprogramm

Disposition:
3 Manuale und Pedal/52 Register
Hauptwerk/I. Manual/14 Register
Schwellwerk/II. Manual/18 Register
Brustwerk/III. Manual/10 Register
Pedal/10 Register
Tonumfang Manuale C-a‴; Pedal C-f′

1624 baute Christoph Egedacher d. Ä. eine Orgel, deren Gehäuse glücklicherweise erhalten ist. Nach über 300jähriger Orgelgeschichte mit einer Vielzahl von Um- und Erweiterungsbauten, erfolgte 1980 ein Neubau durch die Fa. Albiez-Orgelbau/Lindau/Bodensee. Dabei wurden verbliebene, brauchbare historische Substanzen des Werkes wieder in ihren ursprünglichen Zustand versetzt. Unter Erhalt der originalen Gehäusefront konnte die Orgel erweitert sowie ein neuer Unterbau erstellt werden. Klanggestaltung und Intonation wurden auf die Raumakustik des Domes abgestimmt und können in ihrer Farbigkeit die Orgelliteratur der Vergangenheit bis in die Gegenwart wiedergeben.

Der monumentale, restaurierte Prospekt ist in drei Orgeltürmen mit fünf Pfeifenfeldern und zwei Flügeltüren angeordnet. Das Trio der geschnitzten Engel, der Posaunenengel auf dem Mittelturm und die Engel mit Harfe bzw. Laute über den Pfeifenfeldern zwei und vier, harmonieren mit dem zartgemalten Engelskonzert auf den geöffneten Flügeltüren. Die geschlossenen Türen zeigen in Großfiguren »Maria Verkündigung«.
(Farbige Abbildung siehe Seite 67)

stenfeld. Fux übernahm vier Manual- und zwei Pedalregister sowie die Windladen der Vorgängerorgel, die aus dem Jahre 1630 stammen soll. Das Werk zeigt im Aufbau des Prospekts die Form eines »M«, das Monogramm der Jungfrau Maria, der Patronin dieses ehemaligen Zisterzienserklosters. Auf der Mittelsäule des Gehäuses befindet sich die Skulptur Mariens mit der sie umgebenden Sonne. Musizierende Engel schmücken die in neun Pfeifenfelder gegliederte Fassade.

Diese herrliche Orgel ist das einzige in allen wesentlichen Teilen original erhaltene Werk der ersten Hälfte des 18. Jahrhunderts in Altbayern. Eine gründliche Restaurierung erfolgte 1978 durch Orgelbau Sandtner/Dillingen. Die Fürstenfelder Konzerte und Schallplatteneinspielungen auf der Fux-Orgel sind über Bayerns Grenzen hinaus von großer kirchenmusikalischer Bedeutung.

29 Klosterkirche Fürstenfeld in der Pfarrgemeinde St. Magdalena D-82256 Fürstenfeldbruck

Telefon: 08141/91143
Kontakt: Kath. Pfarramt St. Magdalena; Tel.: siehe oben
Öffnungszeiten: Oktober bis April: sonn- und feiertags von 13.30-16.30 Uhr; Mai bis September: sonn- und feiertags von 13.30-18.30 Uhr
Konzerte: Orgelsommer, Kirchenkonzerte, Gastkonzerte siehe Jahresprogramm

Disposition:
2 Manuale und Pedal/27 Register
Hauptwerk/11 Register
Oberwerk/8 Register
Pedal/8 Register
Tonumfang Manuale C-c''';
Pedal C-a'

Das einzig erhaltene Werk des Donauwörther Meisters Johann Fux ist die 1736 von ihm vollendete Barockorgel in der Klosterkirche Für-

30 Gottesackerkirche St. Sebastian Klosterstraße D-87629 Füssen

Kontakt: Pfarrei St. Mang, Pfarrbüro, Luitpoldstr. 20, D-87629 Füssen; Tel.: 08362/6190
Öffnungszeiten: zu Gottesdienstzeiten oder nach Vereinbarung
Konzerte: nur gelegentlich oder zu »Tagen alter Musik Füssen«
Eintritt: unterschiedlich

Disposition:
1 Manual und Pedal/8 Register
Manual/7 Register
Pedal/1 Register
Tonumfang Manual C-d''';
Pedal C-gs'

Die 1770 von Andreas Jäger erbaute mechanische Schleifladenorgel, weitgehend original erhalten und in verhältnismäßig gutem Zustand, bedarf jedoch laut eines Gutachtens baldiger Reinigung und Reparatur. Im 19. und 20. Jahrhundert erfolgten nur geringfügige Änderungen an der Disposition. Der Rokokoprospekt erhebt sich graziös über die stuckverzierte, mit einem Fresko geschmückte Emporenbrüstung und fügt sich schön mit den zwei dezent grau und zartgrün bemalten, geöffneten Flügeltüren in das nierenförmige Emporenfenster ein.

31 Stadtpfarrkirche St. Mang St. Mang Platz D-87629 Füssen

Kontakt: Pfarrei St. Mang, Pfarrbüro, Luitpoldstr. 20, D-87629 Füssen; Tel.: 08362/6190
Öffnungszeiten: ganztägig (bis zur Dunkelheit bzw. nicht länger als 19 Uhr)
Konzerte: Samstag abends, Sonntag nachmittags oder abends
Eintritt: unterschiedlich

Disposition:
3 Manuale und Pedal/39 Register
I. Manual/12 Register
II. Manual/8 Register
III. Manual/11 Register
Pedal/8 Register

Schon 1395 soll eine Orgel in St. Mang vorhanden gewesen sein. Nach Reparaturen und Neubauten in den Jahren 1561, 1595/96 und 1642 erfolgte 1753 der Neubau eines Werkes durch den Füssener Orgelbaumeister Andreas Jäger, das mit 34 Registern auf zwei Manualen ausgestattet war. Nach einem Umbau im Jahr 1877 durch Balthasar Pröbstl/Füssen, führte die Fa. Zeilhuber/Altstädten 1958 und 1978 umfassende Renovierungen mit neuer Disposition von Arthur Pichler durch. Vom Altbestand des Instruments ist noch historisches Pfeifenmaterial von Jäger und Pröbstl erhalten. Der Prospekt ist harmonisch in die Drei-Fenster-Apsis integriert, die außergewöhnlich schöne Bildhauerarbeit stammt von Peter Heel/Pfronten.

32 Stadtpfarrkirche »Mariä Himmelfahrt« Lorenz-Zierl-Str. 1 D-93437 Furth i. W.

Kontakt: Kath. Stadtpfarramt, Rosenstr. 2, D-93437 Furth i. W.; Tel.: 09973/1337;
Mesner Adolf Iglhaut, Schloßplatz 7, D-93437 Furth i. W.; Tel.: 09973/1819

Öffnungszeiten: 7-18 oder 19 Uhr
Konzerte: nicht regelmäßig
Eintritt: ja, ggf. auch Spenden

Disposition:
3 Manuale und Pedal/32 Register
Positiv/II. Manual/6 Register
Hauptwerk/I. Manual/9 Register
Schwellwerk/III. Manual/10 Register
Pedal/7 Register
Tonumfang Manuale C-g′′′;
Pedal C-f′

Das im Jahre 1788 von Andreas Weiß erbaute, herrliche Rokokogehäuse erhielt 1982 ein neues Instrument. Da das historische Gehäuse eine notwendig gewordene größere Orgel so nicht fassen konnte, wurde für die zusätzlichen Werke und Register ein Anbau errichtet. Man verbreiterte unter anderem den Prospekt für zwei Seitenflügel des Pedals, die als gelungene Stilkopie seitlich vor das originale Gehäuse ragen. Im klanglichen Bereich berücksichtigte man die feine Klarheit des Weißschen Instruments, das durch hinzugefügte moderne und romantische Klangfarben ergänzt und erweitert wurde. Dieser erfolgreiche Orgelneubau wurde von der Fa. Ludwig Eisenbarth/Passau vorgenommen, den Anbau und die Erweiterungen des Prospekts führten K. H. Hastreiter, Ute Reif und Siegi Wild durch.

33 Ev. Stadtkirche St. Peter und Paul
Ev. Pfarramt
Bei der Peterskirche 9
D-02826 Görlitz

Telefon: 03581/407224
Kontakt: Kantor Reinhard Seeliger, Bäckerstr. 4, D-02826 Görlitz; Tel.: Kirchenmusikschule 03581/48410
Öffnungszeiten: Montag bis Freitag 13.30-17 Uhr, Samstag und Sonntag 13.30-16 Uhr
Konzerte: z. Zt. Konzerte zugunsten des Orgelneubaus
Eintritt: ja

Nach sechsjähriger Bauzeit vollendete Eugenio Casparini, unterstützt von seinem Sohn Adam Horatio Casparini, 1703 die Sonnenorgel in St. Peter und Paul. Sonnenorgel deshalb, weil in dem von Johann Conrad Büchau gefertigten Prospekt in 15 kleinen und zwei großen, doppelten »Sonnen« die Pfeifen in runden Feldern strahlenförmig um ein goldenes »Sonnengesicht« angeordnet sind. Das flach gestaltete Gehäuse zeigt den Übergang von der Spätrenaissance zum Frühbarock. Von dem außergewöhnlichen Instrument Casparinis, mit 57 Registern auf 3 Manualen und »Spielereien« wie Nachtigall, Kuckuck und Zimbelstern, sind außer dem herrlichen Gehäuse nur die Mixturpfeifen in den Sonnen, Trompetenbecher des kleinen Seitenbasses und das Register »Onda Maris« (Meereswelle) erhalten.

Nach vielfachen Eingriffen und Reparaturen baute 1928 die Fa. Sauer/ Frankfurt/Oder eine neue viermanualige Orgel mit 89 Registern in das historische Gehäuse ein. 1978 wurde das inzwischen fast unspielbar gewordene Instrument mit dem Ziel ausgebaut, es durch ein neues Werk zu ersetzen, das dem außergewöhnlichen Prospekt gerecht wird. Dieser Orgelneubau scheiterte an den enormen Kosten (Kostenvoranschlag: 2,1 Millionen DM). Der »Freundeskreis Görlitzer Sonnenorgel e. V.« versucht, durch eine steigende Anzahl an Mitgliedern und Spenden von Orgel- und Musikfreunden das Wiedererklingen der Sonnenorgel in naher Zukunft zu verwirklichen.

Historischer Prospekt der Sonnenorgel, erbaut 1703 von Eugenio Casparini in der Ev. Stadtkirche St. Peter und Paul, Görlitz (33)

34 Marktkirche
Ev. Marktkirchengemeinde
An der Marienkirche 2
D-06108 Halle/Saale

Telefon: Gemeindebüro 0345/35339
Kontakt: Organist C. G. Naumann, An der Marienkirche 2; Tel.: 0345/ 30117
Öffnungszeiten: werktags 10-12 Uhr und 15-18 Uhr, mittwochs nur 15-16 Uhr
Konzerte: Auf der großen Orgel im Sommer mittwochs 19.30 Uhr, im Winter sonntags 17 Uhr etwa alle 14 Tage (mit Eintritt); auf der Reichel-Orgel dienstags und donnerstags 16.30 Uhr 30 Minuten Orgelmusik (Eintritt frei)

Dispositionen:
Große (Schuke-) Orgel:
3 Manuale und Pedal/56 Register
Hauptwerk/13 Register
Oberwerk/12 Register
Schwellwerk/16 Register
Pedal/15 Register

Kleine bzw. Reichel-Orgel:
1 Manual/6 Register
Manual 48 Tasten von C, D-c‴

Die große Orgel stammt in ihrem
wunderschönen Barockgehäuse von
Christoph Cuncius, 1716 erbaut.
Das Instrument ist ein Werk der
Fa. Alexander Schuke/Potsdam von
1984.
Die kleine Orgel schuf 1663/64 Georg Reichel/Halle. Sie diente in erster Linie zur Mitwirkung großan-
gelegter, mehrchöriger geistlicher
Konzertmusik, ermöglichte aber
auch ein Zusammenspiel (in Stimmung und Temperatur) mit der großen Orgel. Es ist anzunehmen, daß
die kleine Orgel vom jungen Friedrich Händel während seiner Ausbil-
dungsjahre bei Zachow gespielt
wurde. Auch Friedemann Bach soll
anläßlich des Sieges Preußens bei
Roßbach 1757 ein »Te Deum« mit
beiden Orgeln intoniert haben.
1766 und 1875 erfolgten größere
Umbauten und Reparaturen an der
kleinen Orgel, um im Hinblick auf
den Neubau einer großen Orgel über
ein Ersatzinstrument verfügen zu
können. Schon 1906 war die kleine
Reichel-Orgel kaum noch spielbar,
wurde aber erst 1971/72 von der Fa.
Schuke/Potsdam restauriert. Die ursprüngliche Disposition ist heute
wiederhergestellt. Die reich überlie-
ferte Orgelmusik des 16. und 17.
Jahrhunderts ist auf diesem Instrument problemlos zu spielen. Dieses
kleine, reichverzierte Werk ist ein
Kabinettstück sächsischer Orgelbaukunst und hat weitgehend unver-
sehrt die Jahrhunderte überdauert.

*Marktkirche Halle: Reichel-Orgel
aus dem Jahre 1663/64* (34)

35 **Hauptkirche St. Jacobi**
Jakobikirchhof 22
D-20095 Hamburg

Telefon: 040/336527
Fax: 040/337452
Kontakt: Geschäftsstelle Arp-Schnit-
ger-Orgel, Adresse siehe oben
Öffnungszeiten: wochentags 10-17
Uhr, sonnabends 10-13 Uhr
Konzerte: Programm anfordern, im
Sommerhalbjahr Orgelführung mit
Kurzkonzert donnerstags 12 Uhr
Eintritt: frei

Disposition:
4 Manuale und Pedal/60 Register
Werk/12 Register
Rückpositiv/13 Register
Oberpositiv/13 Register
Brustpositiv/8 Register
Pedal/14 Register
Tonumfang Manuale: Oberpositiv/
Brustpositiv C, D, E, F, G, A-c‴/
Rückpositiv C, D, E-c‴;
Pedal C, D-d′

Aus alten Schriften geht hervor, daß
schon um 1300 ein Organist an einer
Orgel in St. Jacobi gewirkt hat. 1635
erfolgte die Umgestaltung eines
Werkes durch Gottfried Fritzsche

sowie 1655 eine gründliche Überholung desselben durch Hans Georg Fritzsche.

1693 vollendete Arp Schnitger den Neubau eines Orgelwerks und übernahm dabei eine große Anzahl alten Pfeifenmaterials der von Fritzsche modernisierten Vorgängerorgel. Schnitger baute ein Prinzipal 32′ in das Pedal ein und schuf damit ein Instrument des norddeutschen Monumentaltypus', welches das Interesse der Spezialisten weckte. Kein Geringerer als Johann Sebastian Bach bewarb sich um die Stelle des Organisten an St. Jacobi. Bach scheiterte allerdings daran, daß er die in die Kirchenkasse zu zahlenden 4000 Taler nicht aufbringen konnte.

Während des 19. und 20. Jahrhunderts vorgenommene Umstellungen und Reparaturen überstand das Instrument Schnitgers in seiner historischen Substanz über 200 Jahre fast unangetastet. Leider gingen aber in den zwei Weltkriegen Teile der Orgel verloren. Auch beim Wiederaufbau von 1948 bis 1950 wurden grundsätzliche Fehler durch Konstruktionsveränderungen des Werkes gemacht. In dreijähriger Arbeit erfolgte durch die Fa. Jürgen Ahrend/Leer eine umfangreiche Restaurierung, welche die Rückführung der erhaltenen historischen Pfeifen und Windladen sowie die Rekonstruktion verloren gegangener Teile nach Vorbild anderer Schnitger-Orgeln beinhaltete. Der Hamburger Prospekt entstand neu nach alten Fotos in naturbelassener Eiche, versehen mit erhaltenen, ausgebesserten und neu vergoldeten Schnitzereien. Das Instrument erhielt eine modifiziert mitteltönige Stimmung. 300 Jahre nach Fertigstellung durch Arp Schnitger wurde am Ostersonntag 1993 das herrliche Werk nach erstklassig gelungener Restauration eingeweiht und somit erneut seiner Bestimmung übergeben.

(Farbige Abbildung siehe Seite 68)

36 Hauptkirche St. Katharinen
Katharinenkirchhof 1
D-20457 Hamburg

Telefon: 040/336275
Fax: 040/339105
Kontakt: Kantor und Organist Andreas Fischer, Auf den Blöcken 6, D-20535 Hamburg; Tel.: 040/2101023; Küster Emanuel Dukart, Katharinenkirchhof 1, 20457 Hamburg; Tel.: 040/337721
Öffnungszeiten: Mai bis September 9-17 Uhr, Oktober bis April 9-16 Uhr
Konzerte: Crucifixus Karfreitag 17 Uhr (Eintritt frei); Weihnachtsoratorium im Dezember Samstag 17 Uhr (mit Eintritt)

Disposition:
4 Manuale und Pedal/75 Register
Hauptwerk/17 Register
Rückpositiv/14 Register
Oberwerk/16 Register
Brustwerk/11 Register
Pedal/17 Register
Tonumfang Manuale C-g‴;
Pedal C-f′

Aus dem Jahre 1501 stammt die erste urkundliche Erwähnung der Katharinenorgel, deren Erbauer jedoch nicht bekannt ist. 1543 erweiterte Orgelbaumeister Hans Stellwagen das Werk auf 43 Register. Nach einem 1644 hinzugefügten Brustwerk als viertem Manual und nochmaligen Erweiterungen in den Jahren 1670 und 1674 hatte das Instrument eine für die damalige Zeit enorme Größe erreicht. Ihr klangliches Volumen war einer der Gründe, warum Johann Sebastian Bach auf der Katharinenorgel spielte, als er sich anläßlich seiner Bewerbung um die Stelle des Organisten an St. Jacobi in Hamburg aufhielt.

Bis auf einige vorher ausgelagerte Pfeifenreihen wurde die Orgel 1943 bei einem Brand der Kirche zerstört. 1962 erstellte die Fa. Kemper/Lübeck ein neues Instrument mit 75 Registern, das sich in Aufbau und Disposition an der alten Katharinenorgel orientierte. Eine grundlegende Instandsetzung und Überholung erfolgte dann 1988 durch die Fa. Rudolf von Beckerath/Hamburg, die den durch Jahrhunderte berühmten klanglichen Glanz dieser gewaltigen Orgel wiederherstellte, deren schwerste Pfeife 284 Kilogramm und deren leichteste 23 Gramm wiegt.

37 St. Michaeliskirche
D-95028 Hof

Kontakt: KMD Reinhard Wachinger, Unteres Tor 9, D-95028 Hof; Tel.: 09281/84416 (Büro), 09235/583 (privat)
Öffnungszeiten: unterschiedlich
Konzerte: Orgelvespern, geistliche Konzerte, eine Reihe von Meisterkonzerten
Eintritt: unterschiedlich

Disposition:
3 Manuale und Pedal/62 Register
Hauptwerk/I. Manual/15 Register
Oberwerk/II. Manual/15 Register
Schwellwerk/III. Manual/17 Register
Pedal/15 Register

Von den Gebrüdern Georg Christian und Georg Adam Friedrich Heidenreich wurde in den Jahren 1828 bis 1834 die zweimanualige Orgel mit 34 Registern und einem Pedal erbaut, welche in der Dispositionsstruktur den Einfluß Gottfried Silbermanns zeigt. Nach einem ersten Umbau 1868 und einer Restaurierung von 1936 bis 1939, erfolgte die letzte Renovierung und Erweiterung 1966/67 durch die Fa. Gerhard Schmid/Kaufbeuren, indem die originalen Register restauriert, ein Schwellwerk als III. Manual hinzugefügt und unter anderem ein neuer Spieltisch erstellt wurde. Mit dieser Rekonstruktion des Werkes Heidenreichs ist ein großes Orgelwerk des Biedermeier erhalten geblieben, das die Wiedergabe der romantischen und modernen Orgelmusik erlaubt.

St. Michaeliskirche, Hof: Orgel erbaut 1828/34 von den Gebrüdern Georg Christian und Georg Adam Friedrich Heidenreich (37)

38 Pfarr- und Wallfahrtskirche
St. Leonhard
Kath. Pfarramt St.
Leonhard
D-86570 Inchenhofen

Telefon: 08257/1220
Kontakt: Organist Hermann Huber, Rosenstraße, D-86556 Kühbach; Tel.: 08251/2161
Öffnungszeiten: 8-18 Uhr
Konzerte: keine

Disposition:
2 Manuale und Pedal/18 Register
I. Manual/9 Register
II. Manual/5 Register
Pedal/4 Register
Tonumfang Manuale C-f''';
Pedal C-d'

Nachdem die Abtei Fürstenfeld in Inchenhofen ein Superiorat errichtet hatte, schuf der Orgelbauer Johann

Kronthaler aus Kaufbeuren 1760 für die Wallfahrtskirche eine einmanualige Orgel. Das Gehäuse wurde in zwei Kästen um das Rückfenster der Kirche konstruiert. Den reich und großflächig mit Rocailleschnitzereien verzierten Prospekt stattete man im Mittelteil mit doppelstöckigen Pfeifenfeldern und mit seitlich angebrachten kleinen Harfenfeldern aus.

1851 erfolgte durch Joseph Pröbstl/ Füssen eine größere Reparatur des Werkes. Nach Renovierungen in den Jahren 1870 und 1879 wurde das Instrument 1905 abgebrochen. Im gleichen Jahr baute die Fa. F. B. März/München ein neues Orgelwerk in den bis heute gut erhaltenen historischen Prospekt ein, ein Juwel süddeutscher Orgelbaukunst.

39 Asamkirche Maria de Victoria
Neubaustr. 1½
D-85049 Ingolstadt

Kontakt: Kath. Pfarramt, Kupferstraße 34, D-85049 Ingolstadt; Tel.: 0841/93415-0
Öffnungszeiten: 9-17 Uhr
Konzerte: April bis Oktober: Sonntag 12 Uhr (Orgelmatinee um Zwölf)
Eintritt: frei

Disposition:
2 Manuale und Pedal/26 Register
Hauptwerk/I. Manual/10 Register
Hinterwerk/II. Manual/10 Register
Pedal/6 Register
Tonumfang Manuale C-g‴; Pedal C-f′

Der aus Massivholz wunderschön gemaserte, aus der ersten Hälfte des 19. Jahrhunderts stammende Prospekt enthielt vermutlich ein von Caspar König (* 1675, † 1765) geschaffenes Orgelwerk.
1985/86 wurde das historische Gehäuse restauriert und von der Fa.

Georg Jann/Allkofen ein neues Instrument eingebaut. Die neue Orgel in dem Barockgehäuse hat somit ihren ursprünglichen Klang in farblicher Vielfalt zurückerhalten.

40 Liebfrauenmünster Kreuzstraße 1
D-85049 Ingolstadt

Kontakt: Kath. Pfarramt, Kupferstraße 34, D-85049 Ingolstadt; Tel.: 0841/93415-0
Öffnungszeiten: 7 bis ca. 18 Uhr
Konzerte: regelmäßig zwischen Juni und September, Programm erhältlich

Disposition:
4 Manuale und Pedal/69 Register
Positiv/I. Manual/12 Register
Hauptwerk/II. Manual/13 Register
Récit (schwellbar) III. Manual/10 Register
Schwellwerk/IV. Manual/14 Register
Pedal/16 Register
Tonumfang Manuale C-a‴;
Pedal C-g′

Liebfrauenmünster Ingolstadt: 1977 von der Fa. J. Klais fertiggestellte Orgel mit Gehäuse von Elmar Hillebrand und Theo Heiermann (40)

Die Orgel, im von den Bildhauern Prof. Elmar Hillebrand und Theo Heiermann geschaffenen Gehäuse, wurde 1977 von der Fa. Johannes Klais/Bonn fertiggestellt. Laut Nicolas Kynaston, Orgelspezialist aus London, ist sie die Krönung der bisherigen Schaffenszeit des Orgelbaumeisters Gerd Klais, eines Enkels des Firmengründers. Das linke Schwellwerk ist in französischer Tradition à la Cavaillé-Coll, das rechte in deutsch-romantischer Art konzipiert. Die Orgel weist als Besonderheit einen vom rechten Pfeifenturm emporsteigenden, flügelschlagenden Vogel auf. Dieser läßt ein von einem Rossignol (kleines Register) erzeugtes Vogelgezwitscher ertönen.

Klosterkirche »Mariä Himmelfahrt«: Die Fa. Steinmeyer baute 1888 ein neues Instrument in das historische Gehäuse von 1678 ein (41)

41 Klosterkirche »Mariä Himmelfahrt«

Kath. Kirchenstiftung »Mariä Himmelfahrt«
Hauptstr. 42
D-86687 Kaisheim

Telefon: 09009/318
Kontakt: siehe oben
Öffnungszeiten: nach Absprache
Konzerte: keine

Disposition:
2 Manuale und Pedal/25 Register
I. Manual/11 Register
II. Manual/8 Register
Pedal/6 Register
Tonumfang Manuale C-f′′′;
Pedal C-d′

Im Jahre 1502 errichtete ein Franziskaner aus Füssen eine Orgel in der Klosterkirche, die auch Holbein-Orgel genannt wird, weil Meister Holbein für dieses Werk Flügelgemälde lieferte. Von dieser Orgel ist nichts vorhanden, außer den Entwürfen zu diesen beiden Flügeln, die sich in der Öffentlichen Kunstsammlung in Basel befinden. 1678 schuf Matthias Tretzscher ein mechanisches Kegelladenwerk, das 1790 von einem unbekannten Meister umgebaut wurde.

1888 erfolgte eine umfangreiche Restaurierung durch die Firma Steinmeyer/Oettingen, die unter Übernahme historischer Pfeifenreihen und des alten Balges ein neues Instrument in das historische Gehäuse einbaute. Der sich auf der Westempore erhebende Prospekt ist von ausdrucksvoller Schönheit.

42 Wallfahrtskirche »Maria Hilf«

Franziskanerplatz 6
D-86836 Klosterlechfeld

Telefon: 08232/75150
Kontakt: Organist Walter Hien; Tel.: 08232/2936; Kirchenpfleger Petrus Heim; Tel.: 08232/3173
Öffnungszeiten: 8-18 Uhr
Konzerte: keine

Disposition:
3 Manuale und Pedal/27 Register
Positiv/I. Manual/7 Register
Hauptwerk/II. Manual/9 Register
Hinterwerk/III. Manual/6 Register
Pedal/5 Register
Tonumfang Manuale C-c′′′;
Pedal C-d′

Wallfahrtskirche »Maria Hilf«, Klosterlechfeld:
Die 1750 erbaute Orgel wurde zuletzt um ein drittes
Manual erweitert (42)

1750 wurde die erste große Orgel der Wallfahrtskirche in und über die Brüstung des Mönchschores eingebaut. Dabei gingen die Künstler behutsam vor, um den Eindruck eines Überstülpens der Orgel über die Brüstung zu vermeiden. Über den unteren, rotmarmorierten, mit drei Pfeifenfeldern versehenen Teil des Gehäuses erhebt sich der eigentliche, verspielt elegante Rokokoprospekt. Georg Beer aus Erling schuf 1863 ein neues Instrument und erweiterte das Gehäuse gleichzeitig um zwei Pfeifenfelder, die als außenliegende Felder eins und sieben leicht nach hinten abgesetzt angebaut wurden, jedoch als nachträgliche Erweiterung des Gehäuses nicht erkennbar sind. Ein 1961 erfolgter weiterer Umbau der Orgel war unbefriedigend. Erst eine jetzt durchgeführte grundlegende Renovierung des Werkes unter Rückführung zu originaler Form von 1863 und Erweiterung um ein drittes Manual brachte den gewünschten Erfolg. Mit der Restaurierung der Orgel wurde eine gleichzeitig vorge-

nommene Gesamtrenovierung der Wallfahrtskirche abgeschlossen, um eine der bedeutendsten Barockkirchen Bayerns und ein Kulturdenkmal Schwabens kommenden Generationen zu erhalten.

43 Liebfrauenkirche
Kath. Kirchengemeinde
Liebfrauen
Florinspfaffengasse 14
D-56068 Koblenz

Telefon: 0261/31550
Kontakt: Winfried Rive, Adresse siehe oben
Öffnungszeiten: werktags 8-18 Uhr, sonntags nur Einblick durch eine Glastür im Vorraum der Kirche
Konzerte: nach Ankündigung

Disposition:
3 Manuale und Pedal/42 Register
Rückpositiv/I. Manual/8 Register
Hauptwerk/II. Manual/10 Register
Schwellwerk/III. Manual/13 Register
Pedal/11 Register

Die Erwähnung einer ersten Orgel datiert aus dem Jahre 1466. Eine weitere Orgel (von 1712) in der Liebfrauenkirche wird 1754 von einem Werk der bekannten Orgelbauerfamilie Stumm abgelöst, das bis 1900 in Gebrauch war. Ein 1900 von Johannes Klais/Bonn erbautes Instrument (eines seiner besten) wurde im Zweiten Weltkrieg zerstört. Seit 1957 existierte eine Übergangsorgel. Erst im Jahre 1984 erstellte der Orgelbaumeister Lothar Simon/Borgentreich-Muddenhagen das jetzige Instrument unter Verwendung der noch verwendbaren Pfeifen der Vorgängerorgel. Das Gehäuse mit seinen klaren Linien beeindruckt durch die stufenförmig abgesetzten Pfeifenfelder und ergibt mit dem an der Brüstung ebenfalls mit drei Pfeifenfeldern gebauten Rückpositiv ein Ensemble von vollendeter Symmetrie.

Stiftskirche Landau: Oberlinger-Orgel in einem Gehäuse von Ignaz Seiffert (1772) (44)

44 Stiftskirche D-76829 Landau

Kontakt: Prof. Heinz M. Göttsche, Hindenburgstr. 19, D-76829 Landau; Tel.: 06341/87195 (Büro), 06341/82838 (privat)
Öffnungszeiten: unterschiedlich
Konzerte: November/Dezember sonntags 11.15 Uhr
Eintritt: frei

Disposition:
3 Manuale und Pedal/46 Register
Kronpositiv/I. Manual/8 Register
Hauptwerk/II. Manual/13 Register
Oberwerk/III. Manual/14 Register
Pedal/11 Register
Tonumfang Manuale C-g′′′;
Pedal C-f′

In ein Gehäuse von Ignaz Seiffert aus dem Jahr 1772 konstruierte die Orgelbauwerkstatt Gebrüder Oberlinger/Windesheim 1963 ein Instrument nach neuesten orgelbautechnischen Erkenntnissen mit hervorragender klanglicher Gestaltung. Der prächtige, vergoldete Barockprospekt wurde in seiner historischen Substanz von 1772 wiederhergestellt und präsentiert mit dem erstklassigen Instrument ein Orgelwerk, das der Bedeutung einer der schönsten frühgotischen Kirchen unseres Landes entspricht.

45 Stadtpfarrkirche Mariae Himmelfahrt Pfarramt Mariae Himmelfahrt Ludwigstr. 167 D-86899 Landsberg/Lech

Telefon: 08191/59494
Kontakt: Organist Johannes Skudlik
Öffnungszeiten: täglich 8-18 Uhr
Konzerte: Internationale Orgelkonzerte; Landsberger Orgelsommer; Oratorienaufführungen das ganze Jahr über
Eintritt: ja

Disposition:
5 Manuale und Pedal/79 Register
und drei Nebenregister
Positiv Süd/I. Manual/8 Register
Hauptwerk/II. Manual/15 Register
Positiv Nord/III. Manual/8 Register
Schwellwerk/IV. Manual/14 Register
Bombardwerk/V. Manual/
19 Register
Pedal/15 Register

Die Orgel in der Landsberger Marienkirche ist in ihrer heutigen Gestalt die Nachfolgerin früherer Instrumente und wurde im Laufe dreier Jahrhunderte immer wieder erneuert oder umgebaut. Konzipiert wurde sie 1688/89 von David Jacob Weidtner, der mit dem Orgelprospekt einen für Süddeutschland im Frühbarock typischen fassadenförmigen Architekturprospekt nach italienischem Vorbild schuf. Wunderschön sind die zur gleichen Zeit entstandenen Schnitzereien des Lorenz Luidl mit der überlebensgroßen Figur des König David und den ihn flankierenden, Flöte blasenden Engeln.

Dem Orgelbaumeister Gerhard Schmid/Kaufbeuren gelang es 1983 durch eine umfangreiche Restaurierung und den Neubau eines Orgelwerks mit ungewöhnlichem Klangreichtum, diesen Kunstschatz zu erhalten. Die Aufführung der Musik aller Jahrhunderte während des berühmten Landsberger Orgelsommers ist vornehmste Aufgabe des herrlichen Instruments.
(Farbige Abbildung siehe Seite 69)

46 **Thomaskirche**
Thomaskirchhof 18
D-04109 Leipzig

Kontakt: Thomasorganist Ullrich Böhme, Adresse siehe oben; Tel.: 0341/9602855
Öffnungszeiten: 8-18 Uhr, im Winter 8-17 Uhr
Konzerte: Motetten des Thomanerchores mit Orgel: freitags 18 Uhr, sonnabends 15 Uhr (außer in den

1889 eingeweihte Orgel in der Thomaskirche von Leipzig: Das Werk stammt von W. Sauer, das Eichenholz-Gehäuse von Arnemann (46)

Schulferien, dann Orgelvesper) (Eintritt frei); Orgelkonzerte im Juli und August: sonnabends 19.30 Uhr (mit Eintritt)

Dispositionen:
Sauer Orgel:
3 Manuale und Pedal/88 Register
I. Manual/25 Register
II. Manual/21 Register
III. Manual/19 Register
Pedal/23 Register
Tonumfang Manuale C-a''';
Pedal C-f'

Schuke-Orgel:
3 Manuale und Pedal/47 Register
I. Manual/Rückpositiv/11 Register
II. Manual/Hauptwerk/11 Register
III. Manual/Unterwerk/12 Register
Pedal/13 Register
Tonumfang Manuale C-g''';
Pedal C-f'

Wilhelm Sauer/Frankfurt/Oder erhielt 1886 den Auftrag, eine Orgel mit 60 Registern für die Thomaskirche zu bauen. Sauer konstruierte das Werk mit Kegelladen und mechanischer Traktur. Das wunderschöne Eichenholzgehäuse fertigte der Tischlermeister Arnemann aus Leipzig. Die Einweihung der neuen Orgel fand am ersten Pfingstfeiertag 1889 statt.

Zehn Jahre später erfolgte ein Umbau des Instruments durch Sauer, der eine pneumatische Traktur mit drei freien Kombinationen, den Einbau eines Elektromotors, stärkere Intonation sowie eine geringfügige Änderung im Registerbestand vornahm. 1907/08 war es erneut Wilhelm Sauer, der 23 neue Register, zusätzliche Windladen und einen neuen Spieltisch mit erweitertem Manualumfang erstellte.

Nach dem Tode Sauers 1916 übernahm Paul Walcker dessen Orgelbauwerkstatt und lieferte 1917 neue Prospektpfeifen aus Zink, da die originalen Pfeifen für Kriegszwecke entfernt wurden. In den 30er bis 60er Jahren ersetzte man 16 Sauersche Register durch Neobarock-Stimmen, wodurch Sauers ausgewogenes klangliches Konzept gestört wurde. In diesen Jahren drohte sogar mehrfach der Abriß der Orgel.

Auf Anregung des Organisten der Thomaskirche, Ullrich Böhme, wurde die gesamte technische Anlage 1988 unter Leitung Christian Schefflers restauriert, wobei die Orgel wieder Prospektpfeifen aus Zinn erhielt. Die Disposition der drei Manuale wurde 1992/93 auf den Stand von 1908 zurückgeführt, und die fehlenden Register wurden anhand Sauerscher Originale durch Scheffler rekonstruiert.

Das zweite Instrument der Thomaskirche, die 1967 erbaute Schuke-Orgel, hat zwar nicht den aufregenden geschichtlichen Hintergrund der Sauer-Orgel, besitzt aber eine äußerst interessante Disposition.

(Farbige Abbildung der Schuke-Orgel siehe Seite 70)

47 Ev. Pfarrkirche St. Stephan
Fischergasse 29
D-88131 Lindau/Bodensee

Kontakt: Lutz Nollert; Tel.: 08382/22291
Öffnungszeiten: tagsüber
Konzerte: von Mitte Juli bis Mitte September mittwochs »Sommerliche Orgelreihe«
Eintritt: keine Angaben

Disposition:
Schleifladen, mechanische Spieltraktur,
elektrische Registertraktur, 48 Register
Hauptwerk/II. Manual/14 Register
Schwellwerk/III. Manual/14 Register
Positiv/I. Manual/9 Register
Pedal/11 Register
Tonumfang Manuale C-a‴; Pedal C-f′

Das Orgelgehäuse wurde 1783 von Georg Markus Stein aus Durlach gebaut. In den Jahren 1860, 1924 und 1975 erfolgten Umbauten durch die Fa. Steinmeyer/Oettingen. Außer den Prospektpfeifen stammt das Pfeifenwerk aus den Jahren 1924 und 1975.

48 St. Aegidienkirche
Aegidienkirchhof 2
D-23552 Lübeck

Kontakt: Klaus Meyers; Tel.: 0451/705508
Öffnungszeiten: Dienstag bis Samstag 10.30-12 Uhr und 14-15 Uhr
Konzerte: jeden ersten Samstag im Monat um 20.15 Uhr
Eintritt: frei

Disposition:
3 Manuale und Pedal/41 Register
Hauptwerk/I. Manual/11 Register
Rückpositiv/II. Manual/9 Register
Schwellwerk/III. Manual/12 Register
Pedal/9 Register
Tonumfang Manuale: C-g‴;
Pedal C-f′

*St. Aegidienkirche, Lübeck: 1624/25
von Hans Scherer erbaut; die Rokoko-Schnitzereien und der Renais-
sance-Prospekt sind erhalten* (48)

Die Existenz einer Orgel in St. Aegi-
dien wird schon für das 15. Jahrhundert vermutet. 1624/25 entstand die
wertvolle Orgel des Meisters Hans
Scherer. Der Lübecker Orgelbaumeister Friedrich Stellwagen setzte
vermutlich 1648 das Brustwerk als
Oberwerk um und schuf ein neues
Brustwerk hinzu. Ein Geselle Arp
Schnitgers, Hans Hantelmann, ergänzte 1714/15 das Oberwerk durch
eine »Vox Humana 8'« und tauschte
die bleiernen Prospektpfeifen durch
Zinnpfeifen aus. 1981 wurde die Orgel von der Fa. Klais/Bonn vollständig restauriert. Erhalten sind die
Rokoko-Schnitzereien und der Re-
naissance-Prospekt.

49 St. Jakobi
Kirchengemeinde St. Jakobi
Jakobikirchhof 5
D-23552 Lübeck

Telefon: 0451/7020397
Kontakt: KMD Prof. Armin Schoof
Öffnungszeiten: im Sommer täglich
10-18 Uhr, im Winter Dienstag bis
Sonntag 10-15 Uhr
Konzerte: in den Sommermonaten
freitags 20 Uhr, Programm erhält-
lich (mit Eintritt); Orgelvespern
ganzjährig sonnabends 17 Uhr
(Dauer ca. 30 Minuten, Eintritt frei)

Dispositionen:
Große Orgel:
4 Manuale und Pedal/62 Register
Hauptwerk/12 Register
Rückpositiv/13 Register
Brustwerk/10 Register
Oberwerk/14 Register
Pedal/13 Register

Kleine Orgel:
3 Manuale und Pedal/31 Register
Hauptwerk/8 Register
Rückpositiv/8 Register
Brustwerk/6 Register
Pedal/9 Register

In der Jakobikirche befinden sich
zwei außergewöhnliche Orgeln von
großem historischen Wert, deren
Geschichte bis in das 15. Jahrhundert zurückreicht und die uns Stilelemente der Gotik, der Renaissance
und des Barock sichtbar und hörbar
vermitteln.
Laut erhaltener Inschrift am Funda-
mentbalken reicht die Geschichte
der großen Orgel bis in das Jahr 1466
zurück. Das gotische Hauptwerk
war 1504 ein Blockwerk, das von
Hans Köster 1573 umgebaut und um
ein Rückpositiv erweitert wurde,
1673 erfolgte eine weitere Vergrößerung durch Joachim Richborn. Er
baute flankierende Baßtürme und
ein Brustwerk, das 1741 zu einem
Oberwerk umfunktioniert wurde,
hinzu und erweiterte das Rückpositiv. In den Jahren 1981 bis 1984
führte die Berliner Orgelbauwerk-

statt Karl Schuke die letzte gründliche Wiederherstellung durch.

Die kleine Orgel, Stellwagen-Orgel, an der Nordseite ist von besonderer kulturgeschichtlicher Bedeutung. Dem gotischen Hauptwerk (1467/1515) fügte Friedrich Stellwagen 1636/37 ein Rückpositiv, Brustwerk und Pedal hinzu. Original vorhanden sind noch heute die Windladen und fast alle Pfeifen der Manualwerke. Die letzte Restaurierung erfolgte 1977/78 durch die Gebrüder Hillebrand/Altwarmbüchen. Die Orgel erklingt heute wieder im alten Chorton (Ganzton höher als heutiger Kammerton, ungleichstufig).

In St. Jakobi befinden sich außerdem eine kleine Chororgel von Emanuel Kemper & Sohn, Lübeck 1970, in der Sakristei ein Positiv von Theodor Vogt (um 1835) und die Hugo-Distler-Orgel, die als Hausorgel für Distler von Paul Ott, Göttingen, 1938 erbaut und 1992 durch die Orgelbauwerkstatt Schuke wieder funktionsfähig gemacht wurde.

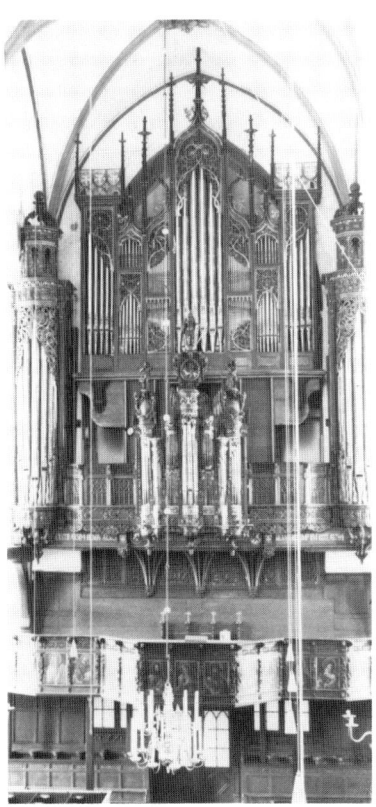

Von der kleinen Orgel bzw. Stellwagen-Orgel in St. Jakobi, Lübeck (1467/1515) sind noch heute die originalen Windladen und fast alle Pfeifen der Manualwerke vorhanden (49)

St. Jakobi zu Lübeck: Die große Orgel entstand aus dem 1504 erbauten Hauptwerk und wurde 1981/84 von Karl Schuke restauriert (49)

50 Dom
Domstraße
D-55116 Mainz

Kontakt: Domorganist Albert Schönberger, Postfach 1560, D-55116 Mainz; Tel.: 06131/253474
Öffnungszeiten: täglich
Konzerte: Orgelmatineen an den letzten beiden Samstagen im August und an allen Samstagen im September von 12-12.30 Uhr sowie Orgelabende (s. Sonderinformationen)
Eintritt: frei

Dispositionen:
Die Klaviaturen des Spieltisches sind vom II. Manual an in abfallendem Winkel angeordnet.

Tonumfang jedes Manuals: C-a''';
insgesamt 113 Register, elektrische
Kegellade und Taschenlade

Südemporenorgel:
I. Manual/14 Register
Pedal/4 Register

Nordwandorgel (schwellbar):
II. Manual/16 Register
Pedal/9 Register

Westchororgel:
III. Manual/13 Register
Pedal/10 Register
IV. Manual/12 Register

Ostchororgel:
V. Manual/14 Register
Pedal/10 Register
VI. Manual/11 Register

Johannes Klais/Bonn erstellte 1928
die Orgel für den Westchor mit 75
Registern. Emanuel Kemper führte
von 1963 bis 1965 den Umbau dieser
Orgel durch und schuf zusätzlich im
Ostchor eine weitere Orgel. Somit
besteht die Anlage der Orgeln aus
der Westchororgel, der Orgel auf
der Südempore, der Orgel an der
Nordwand des Querhauses, der Orgel im Ostchor, dem Orgelpositiv in
der Ostkrypta und einer neuen Orgel (geweiht 1983) von der Fa. Oberlinger in der St.-Gotthard-Kapelle.
Einmalig in Europa ist jedoch der
sechsmanualige Spieltisch, von dem
aus die bis zu 100 Meter auseinan-
derliegenden Instrumente ange-
spielt werden können. Alle 113 Register und alle 7928 Pfeifen können
von hier aus zum Erklingen gebracht
werden. So ergibt sich beim Zusammenspiel aller Orgeln ein berau-
schender Klang von strahlender
Schönheit.

(Farbige Abbildung des Spieltisches
siehe Seite 77)

*Jesuitenkirche, Mannheim: 1965 von
Fa. J. Klais erbaute Orgel im restau-
rierten Barockgehäuse von Meister
Egell (1756) (51)*

51 Jesuitenkirche
Kath. Pfarramt
Obere Pfarrei A 4,1
D-68159 Mannheim

Kontakt: Organist und Chordirektor
Hellmuth Kraus, Richard Wagner
Str. 19, D-68782 Brühl/Baden; Tel.:
06202/71719
Öffnungszeiten: geschlossen von 12-
14 Uhr
Konzerte: zu unregelmäßigen Zeiten
das ganze Jahr über
Eintritt: ja

Disposition:
4 Manuale und Pedal/56 Register
Positiv/I. Manual/10 Register
Hauptwerk/II. Manual/11 Register
Echowerk/III. Manual/11 Register
Schwellwerk/IV. Manual/12 Register
Pedal/12 Register
Tonumfang Manuale C-g'''; Pedal C-f'

Die erste Orgel wurde 1756 von Georg Rohrer aus Straßburg mit 32 Registern erbaut. 1893 erfolgte ein Umbau durch H. Voit/Durlach auf 43
Register. Die Fa. Johannes Klais/
Bonn erstellte 1965 den Neubau einer Orgel im restaurierten Barockgehäuse des Meisters Egell von
1756. Das Instrument steht als
Hauptorgel auf der Westempore.
Auf der linken Seitengalerie dient
ein 1952 von Karl Hess/Durlach gebautes Werk als Chororgel.

Abteikirche Marienstatt: Rieger-Orgel aus massiver Eiche, erbaut 1969/70 von Josef von Glatter-Götz (52)

52 Abteikirche
D-57629 Marienstatt

Telefon: 02662/7622 (Musikkreis); 02662/7081 (Abtei)
Fax: 02662/5355
Kontakt: Pater Dr. Gabriel Hammer (Organist der Abtei) oder Frater Gregor Brand (Küster und Organist)
Öffnungszeiten: 8-17.30 Uhr (lateinische Vesper)
Konzerte: Ostern bis zum Advent in unregelmäßigen Abständen
Eintritt: ja

Disposition:
4 Manuale und Pedal/58 Register
Rückpositiv/I. Manual/8 Register
Hauptwerk/II. Manual/12 Register
Schwellwerk/III. Manual/13 Register
Brustwerk/IV. Manual/9 Register
Spanisches Werk: Diskant und Baß
Pedal/12 Register

Die Basilika der Zisterzienserabtei Marienstatt liegt in reizvoller Landschaft 60 Kilometer östlich von Bonn. Sie ist die älteste gotische Kirche rechts des Rheins. Die Orgel der Basilika wurde 1969/70 von der Fa. Rieger Orgelbau durch Josef von Glatter-Götz/Schwarzach/Vorarlberg erbaut. Sie ist ein technisch modern konzipiertes Werk mit einer Zungenbatterie von 1732, die aus einer spanischen Orgel stammt. Dieses Instrument begleitet dreimal täglich das Chorgebet der Mönche, weshalb sie unmittelbar über dem Chorgestühl steht, wie in Spanien und vielen süddeutschen Klöstern üblich.

Die Orgel wurde als flache Scheibe in das nördliche Vierungsjoch eingepaßt, ohne es zu berühren, so daß man um sie herumgehen kann. Das Gehäuse ist aus massiver Eiche und von gleichem Farbton wie das 600 Jahre alte Chorgestühl. Die gotische Bauweise – aber modern umgesetzt – verleiht dem Prospekt eine außerordentliche Harmonie. Umfangreiche Schallplatteneinspielungen von Orgelkonzerten in Marienstatt zeugen von der klanglichen Kraft dieses Instruments.

53 St. Johanniskirche – Dom
Kirchenbüro
Klosterhof 19
D-25704 Meldorf

Fax: 04832/6738 (Rentamt)
Kontakt: Organist Paul Nancekievill, Küsterstr. 7, D-25704 Meldorf; Tel.: 04832/7621
Öffnungszeiten: im Sommer 9-17 Uhr, im Winter 9-12 Uhr und 14-17 Uhr; wochenends 9-12 Uhr
Konzerte: siehe Jahresprogramm; Internationale Sommerkonzerte von Mitte Juni bis September montags 20.15 Uhr

Disposition:
3 Manuale und Pedal/42 Register
Hauptwerk/II. Manual/11 Register
Schwellwerk/I. Manual/12 Register
Brustwerk/III. Manual/8 Register
Pedal/11 Register

*St. Johanniskirche, Meldorf: Prächtig
geformte, horizontal ausgelegte Spanische
Trompeten der Marcussen-Orgel (53)*

Die neue Orgel im Meldorfer Dom steht ganz in der Tradition des klassischen nordeuropäischen Orgelbaus. Die dänische Orgelbaufirma Marcussen in Apenrade hatte diese Tradition schon seit den 30er Jahren wieder aufgenommen und weiterentwickelt, um der vielseitigen Orgelliteratur klanglich Rechnung zu tragen. Im November 1977 wurde die neue Marcussen-Orgel eingeweiht.

Der Orgelprospekt aus dunklem Eichenholz mit drei übereinander stehenden Werken (Brustwerk – Hauptwerk – Oberwerk) und flankierenden Pedaltürmen, die glänzenden Zinnpfeifen und die prächtig geformten, horizontal ausgelegten Spanischen Trompeten verleihen diesem Instrument eine besondere, architektonisch klare Schönheit und Ausgewogenheit. Nicht zuletzt wegen dieses Werkes finden immer wieder große Organisten anläßlich der internationalen Sommerkonzerte den Weg nach Meldorf, um die 2900 Pfeifen zum Erklingen zu bringen.

54 Dom
Domstift Merseburg
Domplatz 7
D-06217 Merseburg

Telefon: 03461/210045
Kontakt: Domorganist Hans Günther Wauer
Öffnungszeiten: Montag bis Samstag 9-18 Uhr, Sonntag 13-18 Uhr
Konzerte: Orgeltage jährlich im September
Eintritt: ja

Disposition:
4 Manuale und Pedal/80 Register
Hauptwerk/19 Register
Brustwerk/15 Register
Oberwerk/10 Register
Rückpositiv/21 Register
Pedal/15 Register

Die erste Erwähnung der heutigen Orgel stammt aus dem Jahre 1666. Zacharias Thayßner war 1693 mit dem Um- oder Neubau eines Werkes im Merseburger Dom beschäftigt. Keine genauen Daten existieren dagegen vom imposanten Prospekt, dessen Erstellung um 1700 einzuordnen ist. 1855 baute Friedrich Ladegast/Weißenfels eine neue Orgel und verwendete barocke Stimmen des alten Instruments, um sie mit neuen, damals modernen romantischen Registern zu verbinden.

1963 erfolgte eine Restaurierung durch die Fa. Kühn, die fehlende originale Register rekonstruiert und dadurch die historische Substanz der Ladegast-Orgel wiederhergestellt hat.

Die Vielseitigkeit dieser Orgel beweisen experimentelle Konzerte, zum Beispiel mit elektronischer oder Jazz-Musik, die, aufgeführt im altehrwürdigen Kirchenraum des Domes mit der ältesten deutschen Monumentalplastik (das Bronzegrabmal Rudolfs von Rheinfelden), die pikante Gegenüberstellung von Traditionellem und Modernem erfolgreich herbeiführen.

Jesuitenkirche, Mindelheim: 1987 wurde das Werk der Fa. Rudolf Kubak in das historische Gehäuse 1722 integriert (55)

55 Jesuitenkirche Kath. Stadtpfarramt St. Stephan Hauberstr. 7 D-87719 Mindelheim

Telefon: 08261/1434
Fax: 08261/6392
Kontakt: Kath. Stadtpfarramt
Öffnungszeiten: ganztägig
Konzerte: ca. 5 pro Jahr
Eintritt: Spenden erbeten

Disposition:
2 Manuale und Pedal/27 Register
Hauptwerk/I. Manual/11 Register
Positiv/II. Manual/9 Register
Pedal/7 Register
Tonumfang Manuale C-g''';
Pedal C-f'

Unter Leitung des Jesuiten-Architekten Joseph Guldimann S.J. erfolgte 1722 nach der Umgestaltung der Jesuitenkirche der Bau einer Orgel durch Augustin Simnacher/Angelberg (heutiges Tussenhausen). 1896 ersetzte die Fa. Steinmeyer/Oettingen die Simnacher-Orgel durch ein pneumatisches Kegelladen-Instrument. Rudolf Kubak/Augsburg schuf 1987 die jetzt vorhandene Orgel. Kubak gelang es, in das schöne historische Gehäuse von 1722 ein Werk zu integrieren, das bewährten schwäbischen Klangstilformen gerecht wird.

56 Dom »Zu Unserer Lieben Frau« Dompfarramt Frauenplatz 12 D-80331 München

Kontakt: Prof. Franz Lehrndorfer, Hartstr. 96a, D-82110 Germering; Tel.: 089/843262; Fax: 089/8404784
Öffnungszeiten: 7-19 Uhr, donnerstags bis 20.30 Uhr, freitags bis 18 Uhr; ab 16.30 Uhr täglich Gottesdienste
Konzerte: Juni bis September
Eintritt: ja

Dispositionen:
Hauptorgel:
4 Manuale, Chamadwerk und Pedal/
95 Register
Rückpositiv/I. Manual/17 Register
Hauptwerk/II. Manual/17 Register
Positiv/III. Manual/14 Register
Schwellwerk/IV. Manual/23 Register
Chamadewerk/5 Register
Pedal/19 Register
Tonumfang Manuale C-a''';
Pedal C-f'

Chororgel (Andreasorgel):
3 Manuale und Pedal/36 Register
Hauptwerk/I. Manual/10 Register
Oberwerk/II. Manual/10 Register
Brustwerk/III. Manual/7 Register
Pedal/9 Register
Tonumfang Manuale C-a''';
Pedal C-f'

Bereits 1491, drei Jahre nach Fertigstellung des heutigen Domes, befand sich dort eine Orgel spätgotischen Stils, deren Erbauer unbekannt ist. Das Werk soll im Prospekt mit zwei mächtigen Prinzipalbaßpfeifen aus Buchsbaum von 24' Länge und 1' Durchmesser ausgestattet gewesen sein, deren eine 1847 während eines Gottesdienstes zusammenbrach, auf die Empore stürzte, jedoch keinen der dort versammelten Musiker und Sänger verletzte. Diese Holzpfeifen wurden 1631 vom Münchner Orgelmacher Hans Lechner in sein neues frühbarockes Orgelwerk übernommen.
Nach Abbruch der Lechner-Orgel 1819 erbauten Franz Frosch, Sohn Josef sowie Neffe Franz Frosch 1820 ein neues Instrument mit Übernahme des Lechner-Gehäuses. Franz Zimmermann erweiterte das Werk 1859/60, ließ das alte Gehäuse abbrechen und durch ein neues, in neugotischem Stil gerfertigtes ersetzen. 1880 vollendete die Fa. Steinmeyer/Oettingen den Bau eines dreimanualigen Orgelwerks unter Verwendung des neugotischen Prospekts. Dieses Instrument, wie auch die 1880 ebenfalls von Steinmeyer geschaffene Chororgel, wurden Ende 1944 durch Bomben zerstört.

Nach Wiederaufbau des Domes erstellte Josef Zeilhuber/Altstädten 1957 eine neue viermanualige Hauptorgel sowie die Andreasorgel als Chororgel über dem Brautportal.

Am 10. April 1994 fand die Weihe eines von der Fa. Georg Jann/Regensburg in 38.800 Stunden geschaffenen Orgelwerkes statt. Als Vorbild diente Jann die große Stellwagen-Orgel in Stralsund, an deren Restaurierung er von 1952 bis 1960 mitwirkte. Folglich konzipierte er die neue Orgel mit zwei großen, das Hauptgehäuse flankierenden Pedaltürmen, mit einem vor dem Hauptgehäuse integrierten Rückpositiv und dem über dem Hauptgehäuse befindlichen Oberwerk. Allerdings sind die Abmessungen des Münchner Instruments größer, da es mit ca. 16 m die Höhe eines fünfstöckigen Hauses erreicht. Die klassische Anordnung der einzelnen Werke entspricht dem symphonischen Charakter des Instruments, das im Schwellwerk mit den romantischen Streichern an Friedrich Ladegast (berühmter Orgelbauer des 19. Jahrhunderts) erinnert, während französische Stilelemente in der Fülle der Zungenchöre vorhanden sind. Von den 7165 Pfeifen mißt die mächtigste des Prinzipalbasses 9 m, die kleinste (Sifflöte) 4 mm. Es sind zwei Spieltische mit je 4 Manualen vorhanden.

Jann schuf mit der ebenfalls von ihm konstruierten und in das Gesamtkonzept einbezogenen neuen Chororgel (Andreasorgel) eine Partnerin des Hauptinstruments, welche die liturgische Funktion übernehmen sowie vorbarocke und barocke Orgelliteratur ideal darstellen kann. Die erfolgreich renovierte Frauenkirche besitzt mit diesem Gesamtwerk in gestalterisch und farblich interessant gearbeiteten Gehäusen ein majestätisches, klanglich hervorragend konzipiertes Instrument. (Farbige Abbildung der Hauptorgel siehe Seite 71).

57 Lukaskirche Thierschstr. 28 (Mariannenplatz) D-80538 München

Telefon: 089/221762
Kontakt: Kantor und Organist Peter Schammberger
Öffnungszeiten: 10-17 Uhr
Konzerte: ja, siehe Tagespresse
Eintritt: ja

Disposition:
4 Manuale und Pedal/72 Register
Rückpositiv/I. Manual/9 Register
Hauptwerk/II. Manual/15 Register
Brustwerk/III. Manual/14 Register
Schwellwerk/IV. Manual/14 Register
Pedal/20 Register (5 Register des Pedals sind dem III. und IV. Manual entnommen)
Tonumfang Manuale C-a'''; Pedal C-f'

Kaum noch bekannt ist die erste Orgel in St. Lukas aus dem Jahre 1896, auf der Albert Schweitzer 1912 ein Konzert gab. Dem jetzigen, 1932 von der Fa. Steinmeyer/Oettingen erbauten Werk merkt man die Erfahrungen dieser renommierten Orgelbauwerkstatt an, die zuvor die beiden historischen Riepp-Orgeln der Basilika Ottobeuren restaurierte, sowie 1928 den Bau der größten Kirchenorgel der Welt im Dom zu Passau vollendete. 1967 erfolgten Renovierungen und Umbauten von derselben Firma, 1987 führte die W. R. K. Orgelbau München in Zusammenarbeit mit dem seit 1965 an St. Lukas als Organist und Bezirkskantor tätigen Peter Schammberger, einem Meisterschüler des verstorbenen Karl Richter, eine Generalüberholung durch.

58 St. Michaelskirche (Neuhauserstraße) Maxburgstr. 1 D-80333 München

Kontakt: Elmar Schloter, Am Blütenring 2, D-80939 München

Öffnungszeiten: 8-19 Uhr
Konzerte: in den Sommermonaten jeweils 20 Uhr; jährliches Programm
Eintritt: ca. DM 10,- bis 15,-

Disposition:
4 Manuale und Pedal/64 Register
Rückpositiv/I. Manual/12 Register
Hauptwerk/II. Manual/14 Register
Schwellwerk/III. Manual/17 Register
Brustwerk/IV. Manual/8 Register
Pedal/13 Register
Tonumfang Manuale C-a''';
Pedal C-f'

Urban Heußler baute 1595 eine erste Orgel, eine zweite ist aus dem Jahr 1697 bezeugt, die von Georg Vogler 1812 umgebaut wurde. Eine weitere Orgel konnte 1892 dank einer Spende von J. Rheinberger durch die Fa. März erstellt werden; diese wurde im Zweiten Weltkrieg zerstört.
Die Münchner Orgelbaufirma Schuster errichtete 1966 ein elektrisches, dreimanualiges Werk mit Taschenlade. Nach der Restaurierung befindet sich nun seit 1983 die neue Schleifladenorgel der Fa. Hubert Sandtner aus Dillingen in St. Michael. Der Prospekt dieses Instruments ist eine Rekonstruktion nach Zeichnungen des Jesuitenbruders Johann Hörmann von 1697.

Die Kirchenmusik in St. Michael hat eine Tradition, die bis in die Anfänge des Jesuitenkollegs im 16. Jahrhundert zurückreicht. Gründer des Kollegs war Orlando di Lasso, dessen Sohn Ferdinand hier erster Kapellmeister wurde. Dieser Tradition folgend, werden in St. Michael sowohl die großen Werke der Orgelmusik gespielt als auch die sonntäglichen Chor- und Orchesterwerke durch den Klangreichtum der Orgel unterstützt. Kein Geringerer als Elmar Schloter, einer der größten unter Deutschlands Organisten, ist künstlerischer Leiter in St. Michael. Zusammen mit dem Erbauer des Instruments entwarf er die Disposition der Orgel.

59 St. Lamberti
Kath. Pfarrgemeinde
St. Lamberti
Kirchherrngasse 3
D-48143 Münster

Telefon: 0251/484810
Kontakt: Organist Clemens Nagel, Kirchherrngasse 13, D-48143 Münster; Tel.: 0251/56313
Öffnungszeiten: täglich 8-19 Uhr
Konzerte: »Angelus«-Konzerte an jedem verkaufsoffenen Samstag von 12-12.30 Uhr (Eintritt frei); etwa 10 Abendkonzerte im Jahr um 20 Uhr; Konzertreihe zum Lambertusfest (17. September), jeweils ca. 70 Minuten (Eintritt: DM 5,- und 10,-)

Disposition:
4 Manuale und Pedal/52 Register
Positiv/I. Manual/11 Register
Hauptwerk/II. Manual/13 Register
Schwellwerk/III. Manual/15 Register
Trompeteria/IV. Manual/2 Register
Pedal/11 Register
Tonumfang Manuale C-a‴;
Pedal C-f′

Die Orgel im spätgotischen Gotteshaus St. Lamberti, von der Berliner Orgelwerkstatt Karl Schuke 1989 erbaut, ist in jeder Hinsicht eine Originalität, schwebt sie doch ohne Empore und Bodenstütze im Mittelraum des Turmjochs. Der Orgelkörper erreicht die Ausmaße einer Münsteraner Bürgerhausfassade, da übereinander das Positiv als Unterwerk, der Spieltisch auf einem Erker, darüber das Hauptwerk und zuoberst das Schwellwerk die Höhe ausmachen. Das Gehäuse schuf Erich Brüggemann/Winsen a. d. Luhe. Für seine exzellente Schnitzarbeit diente ihm Eichenlaub als Vorbild. Jedes einzelne Blatt ist anders geformt und schwingt sich um die senkrechten Stiele, was den Eindruck einer rhythmischen Bewegung der Blätter vermittelt. Die Geschichte der Orgeln in St. Lamberti reicht bis in das 14. Jahrhundert zurück; vermutlich wurde eine der Orgeln während der Wiedertäufer-Herrschaft in Münster zerstört. Gemäß der Tradition des Erbauers ist ihm mit dieser besonderen Orgel eine harmonische Einheit von Vergangenem und Gegenwärtigem gelungen.
(Farbige Abbildung siehe Seite 72)

60 St. Wenzelskirche
D-06618 Naumburg/Saale

Kontakt: Irene Greulich, Neidschützer Str. 25, D-06618 Naumburg/ Saale; Tel.: 03445/4139
Öffnungszeiten: Mai bis Oktober 10-12 Uhr und 14-16 Uhr und nach Vereinbarung
Konzerte: Orgelsommer Juni bis August, Samstag und Sonntag 11.30 Uhr
Eintritt: ja

Disposition der Hildebrandt-Orgel
unter Anleitung Johann Sebastian Bachs von 1746
3 Manuale und Pedal/53 Register
Hauptwerk/I. Manual/15 Register
Oberwerk/II. Manual/14 Register
Rückpositiv/III. Manual/12 Register
Pedal/12 Register

In den Jahren 1613 bis 1616 baute Joachim Zschugk ein zweimanualiges Werk mit 38 Registern an der Nordseite des Chores. Von 1695 bis 1705 wurde das prachtvolle, hochbarocke, von Johann Goericke üppig verzierte Orgelgehäuse an der Westseite der Kirche errichtet. In dieses Gehäuse verlegte Zacharias Thaßner das alte Orgelwerk, das auf 45 Register erweitert wurde. Unter Beratung und Anleitung Johann Sebastian Bachs konstruierte Zacharias Hildebrandt ein neues Werk mit ausgezeichneter Disposition und 52 Stimmen. 1746 erfolgte die Abnahme dieser Orgel durch Bach und Gottfried Silbermann.
1932/33 nahm die Firma Eberhard Friedrich Walcker unter anderem die Umstellung des gesamten Werkes auf elektropneumatische Ton- und Registertraktur vor, wodurch

*St. Wenzelskirche, Naumburg: Unter Joh. Seb. Bachs Beratung
entstandene Hildebrandt-Orgel in hochbarockem Gehäuse
von Johann Goericke (1695-1705) (60)*

die Intonation sich nicht mehr an barocken Vorbildern orientierte und das Werk zur »Musikmaschine« verkam. 1964 erfolgte durch die Fa. Hermann Eule eine klangliche Restaurierung des Instruments, um die alte Intonation wiederherzustellen. Die gravierenden technischen Veränderungen von 1932/33 bedingen den heutigen schlechten Zustand des Werkes, das eine angemessene Bespielbarkeit nicht mehr zuläßt (nur das Rückpositiv ist vorläufig noch spielbar, Hauptwerk, Oberwerk und Pedal sind ausgebaut). Auch das prächtige Gehäuse zeigt schwere Schäden in seinem Gefüge. Die 1994 begonnene Restaurierung der Orgel in der Naumburger Wenzelskirche auf den Zustand von 1746 ist somit von zwingender Notwendigkeit. Sie bedeutet auch die Rettung eines Kulturerbes von unschätzbarem Wert und internationaler Bedeutung, da Naumburg nach erfolgter Restaurierung nicht nur über eine Hildebrandt-Orgel verfügen, sondern diese auch als Bach-Orgel eine optimale Wiedergabe Bachscher Werke ermöglichen wird. Bei geschätzten Kosten von vier Millionen D-Mark werden viele Sponsoren nötig sein!

61 St. Georgskirche Ev.-luth. Pfarramt Pfarrgasse 5 D-86720 Nördlingen

Telefon: 09081/4035
Fax: 09081/24579
Kontakt: Udo Knauer
Öffnungszeiten: Frühjahr bis Herbst 9-17 Uhr
Konzerte: siehe Jahresprogramm
Eintritt: unterschiedlich

Dispositionen:
Seitenorgel:
2 Manuale und Pedal/10 Register
Hauptwerk/I. Manual/4 Register
Positiv/II. Manual/4 Register
Pedal/2 Register
Tonumfang Manuale C-g′′′;
Pedal C-f′

Hauptorgel:
3 Manuale und Pedal/51 Register
Hauptwerk/I. Manual/11 Register
Kronwerk/II. Manual/11 Register
Schwellwerk/III. Manual/15 Register
Pedal/14 Register
Tonumfang Manuale C-g′′′;
Pedal C-f′

Das 1544 bis 1546 von Benedikt Klotz/Dinkelsbühl geschaffene Renaissance-Orgelgehäuse, auf einer Empore des 17. Jahrhunderts stehend, wurde nach einem Brand im Jahre 1974 nach alten Vorlagen von der Fa. Peter/Köln 1976 wiederhergestellt und mit einem neuen Werk ausgestattet. Sie steht als Seitenorgel auf der Südempore.
Die Hauptorgel auf der Westempore wurde 1977 ebenfalls von der Fa. Peter erbaut. Ihre Vorgängerin aus dem Jahre 1668, zuletzt mit einem Werk der Fa. Steinmeyer/Oettingen versehen, wurde 1945 durch eine Bombe zerstört.
Die Seitenorgel ist elektrisch als Fernwerk mit der Hauptorgel verbunden, kann aber auch selbständig bespielt werden.

St. Georgskirche, Nördlingen: Die Hauptorgel wurde 1979 von der Fa. Peter erbaut (61)

62 Ludgerikirche
Am Markt 37
D-26506 Norden

Telefon: 04931/2287
Kontakt: Organist Reinhard Ruge, Langer Pfad 13, D-26506 Norden; Tel.: 04931/4144
Öffnungszeiten: Montag bis Samstag 10-12.30 Uhr, Dienstag bis Freitag auch 15-17 Uhr (in der Sommersaison auch samstags)
Konzerte: Mitte Juni bis Mitte September Mittwoch 20 Uhr
Eintritt: ja

Disposition:
3 Manuale und Pedal/46 Register
Rückpositiv/I. Manual/11 Register
Hauptwerk/II. Manual/12 Register
Brustpositiv/III. Manual/6 Register
Oberpositiv/III. Manual/8 Register
Pedal/9 Register

Arp Schnitger erbaute diese größte und zugleich bedeutendste Orgel Ostfrieslands, die von 1847 bis 1917 insgesamt 18 mal verändert wurde, im Jahre 1687. Die erste Restaurierung (unter anderem teilweise Pneumatisierung) erfolgte 1929/30; weitere Arbeiten wurden 1948 und von 1957 bis 1959 durchgeführt. Die letzte und umfangreichste Restaurierung erfolgte in den Jahren 1981 bis 1985 durch Jürgen Ahrend/Leer-Loga, der die historische Substanz gewissenhaft wiederherstellte und dem Instrument seine ursprüngliche Klangschönheit voll zurückgab.
Der herrliche, mittelalterliche Kirchenraum mit seiner hölzernen Ausstattung der Renaissance und des Barocks ist ein edler Rahmen für diese wunderschöne Orgel. Sie ist das zweitgrößte in Deutschland erhalten gebliebene Werk Arp Schnitgers.

Kirche zu Unserer Lieben Frau, Nürnberg: 1988 von der Fa. Klais erbaute dreimanualige Orgel (63)

63 Kirche zu Unserer Lieben Frau
Kath. Stadtpfarramt
Winklerstr. 31
D-90403 Nürnberg

Telefon: 0911/206560
Kontakt: Frau Olga Dobkowitz; Tel.: 0911/830476
Öffnungszeiten: täglich 8-17 Uhr
Konzerte: Frühjahr und Sommer
Eintritt: ja

Disposition:
3 Manuale und Pedal/42 Register
Hauptwerk/I. Manual/11 Register
Positiv/II. Manual/11 Register
Schwellwerk/III. Manual/11 Register
Pedal/9 Register
Tonumfang Manuale C-a''';
Pedal C-g'

Eine erste Orgel ist bereits aus dem Jahre 1377 vom Nürnberger Orgelbauer Hermann Keßler als Blockwerkorgel bekannt. Nach wiederholten Neubauten, Änderungen und Abrissen lieferte die Fa. Steinmeyer 1912 ein pneumatisches Werk mit 24 Registern auf zwei Manualen in einem neugotischen Gehäuse. Diese Orgel wurde 1945 durch Bomben

zerstört. Ein von J. Klais/Bonn als Schwalbennestorgel gebautes Werk wurde 1986 abgebrochen. Seit 1988 befindet sich die neue Orgel der Fa. Klais an der östlichen Stirnwand des südlichen Querhauses. Zwanzig Stimmen der alten Klais-Orgel wurden in das heutige Instrument übernommen, dessen Gehäuse durch seine schlichte Eleganz besticht.

64 St. Georg
Kath. Pfarramt St. Georg
D-88416 Ochsenhausen

Telefon: 07352/8259
Kontakt: siehe oben
Öffnungszeiten: Samstag 10-12 Uhr und 13-17 Uhr, Sonntag 13-17 Uhr; Anmeldung für Gruppen ab 10 Personen über das Pfarramt
Konzerte: wechselnde Termine, Auskunft über das Fremdenverkehrsamt Ochsenhausen

Disposition:
4 Manuale und Pedal/50 Register
Farbwerk/I. Manual/12 Register
Hauptwerk/II. Manual/9 Register und Kuckuck
Positivwerk/III. Manual/10 Register
Echowerk/IV. Manual/10 Register
Pedal/8 Register

Von 1728 bis 1736 erbaute Joseph Gabler die Orgel in der ehemaligen Benediktinerabteikirche. Nach der 1750 von ihm geschaffenen Weingarten-Orgel nutzte Gabler die dabei gemachten Erfahrungen, um von 1751 bis 1755 deutliche Veränderungen an dem Ochsenhausener Instrument vorzunehmen. Das Werk besitzt ein Register, das bei Betätigung den Kopf eines Ochsen (Ochsenhausen) aus einem auf dem Mittelturm des Positivwerks angebrachten Stall herausschauen läßt, während der Ruf eines Kuckucks ertönt. Die Orgel wurde 1939 durch die Fa. Reiser und Fa. Walcker restauriert. Bei einer weiteren Restaurierung von 1969 bis 1976 durch die Fa. Reiser

erhielt das Instrument seinen ursprünglichen Klangreichtum zurück. Der prachtvolle, von Franz Erb geschaffene Prospekt ist ein Meisterwerk süddeutschen Barocks.

65 Klosterkirche der Augustiner
Chorfrauen a. d. Congregatio BMV
Kloster Unserer Lieben Frau
Postfach 19 20
D-77609 Offenburg

Telefon: 0781/22088
Fax: 0781/74096
Kontakt: Organistin Schwester M. Martina Merkle
Öffnungszeiten: 8-12 Uhr und 15-18 Uhr über die Klosterpforte
Konzerte: nein

Disposition:
2 Manuale und Pedal/27 Register
Positiv/Untermanual/9 Register
Hauptwerk/Obermanual/13 Register
Pedal/5 Register
Tonumfang Manuale C-g''';
Pedal C-f'

Johann Andreas Silbermann/Straßburg erbaute 1779 die Orgel und brachte das Werk in dem schon vorhandenen, für eine rückwärtige Spielanlage eingerichteten Gehäuse unter. 1895 erfolgte ein Umbau der Orgel durch Heinrich Johann Koulen/Oppenau, der in einer Bestandsaufnahme das Werk Silbermanns so beschrieb: »Die Frontpfeifen sind stumm aus massivem Tannenholz und mit Staniol überzogen.« Im Ersten Weltkrieg wurden auch hier die Zinnpfeifen »geplündert« und durch solche aus Zink ersetzt. 1967/68, nach Wiederherstellung des Barockgehäuses, restaurierte Johannes Klais/Bonn, ein Schüler Koulens, die Orgel umfassend.

Über Eck angebrachte, herrlich klingende Orgel des alten, aus dem 11. Jahrhundert stammenden Osnabrücker Doms (66)

66 Dom St. Petrus
**Bischöfliches General-
vikariat
Hasestraße 40 a
D-49074 Osnabrück**

Telefon: 0541/318-0
Kontakt: Verwaltung des Domkapitels, Postfach 1380, D-49003 Osnabrück; Domorganist Dominique Sauer, Hasestr. 40 a, D-49074 Osnabrück
Öffnungszeiten: täglich durchgehend 7-19.30 Uhr
Konzerte: Mai/Juni Orgelzyklen mit 6 Konzerten
Eintritt: ja

Disposition:
4 Manuale und Pedal/68 Register
Hauptwerk/I. Manual/15 Register
Rückpositiv/II. Manual/12 Register
Schwellwerk/III. Manual/20 Register
Spanisches Werk/IV. Manual/6 Register
Pedal/15 Register

Nach einer bis ins 15. Jahrhundert zurückreichenden, langen und wechselvollen Orgelgeschichte, verbrannten 1944 die beiden letzten, 1790 und 1907 erbauten Orgeln bei einem Bombenangriff. Seit 1946 existierte eine Notorgel der Fa. Rohlfing/Osnabrück. 1963 konnte die Fertigstellung einer neuen Domorgel durch die Fa. Franz Breil/Dorsten i. W. gefeiert werden. Aus Gründen der Akustik wurden zwei Werke mit ihrer Klangabstrahlung zur Längsachse des Kirchenschiffes ausgerichtet, das Positiv von der Brüstung der Empore und das Spanische Werk von der Höhe der Westwand aus. Haupt-, Schwell- und Pedalwerk vermögen sich aufgrund der Fülle ihrer Mensuren und Dimensionen der Register auch ohne gradlinige Abstrahlung durchzusetzen und sind im Gewölbe des Südwestturms integriert.
Das Instrument besitzt eine universale Disposition mit barocken,

romantischen und modernen Stilelementen sowie nationale Besonderheiten (Französische Zungen, Spanische Trompeten), ebenso einen reichlich ausgestatteten und genügend groß mensurierten Prinzipalchor. Die Osnabrücker Domorgel bietet alle Möglichkeiten, die Orgelliteratur von der Gotik bis zur Moderne erklingen zu lassen.

67 Pfarr- und Klosterkirche St. Alexander und Theodor Sebastian-Kneipp-Str. 1 D-87724 Ottobeuren

Kontakt: Josef Miltschitzky, Rupertstr. 10, D- 87724 Ottobeuren; Tel.: 08332/6909
Öffnungszeiten: 7-19 Uhr
Konzerte: März bis November Samstag 16 Uhr

Dispositionen:
Dreifaltigkeitsorgel:
4 Manuale und Pedal/49 Register und 4 Tremulanten
Positiv/I. Manual/15 Register (Teilung in Baß- und Diskantregister)
Hauptwerk/II. Manual/17 Register
Récit/III. Manual/1 Register (Baßregister des Echo (IV) sind auf dem Récit spielbar)
Echo/IV. Manual/6 Register (Teilung in Baß- und Diskantregister)
Pedal/10 Register
Tonumfang Manuale C-d‴;
Pedal C-c′

Heilig-Geist-Orgel:
2 Manuale und Pedal/26 Register
Positiv/I. Manual/9 Register
Hauptwerk/II. Manual/11 Register
Pedal/6 Register
Tonumfang Manuale C-d‴;
Pedal C-c′

Karl Joseph Riepp vollendete 1766 die beiden Chororgeln: die rechte, auf der Epistelseite stehende Dreifaltigkeitsorgel und die linke, auf der Evangelienseite stehende Heilig-Geist-Orgel. Jeweils um einen Chorpfeiler herum gebaut und in ihrem

Pfarr- und Klosterkirche St. Alexander u. Theodor: Die Dreifaltigkeitsorgel, das neben der Heilig-Geist-Orgel am besten erhaltene Werk Karl Josef Riepps, erbaut 1766 (67)

Äußeren völlig identisch, bilden sie ein in der Orgelbaugeschichte einmaliges Ensemble. Beide Orgeln wurden 1914, 1922, 1954 und 1978 überholt und sind zu 85 Prozent historisch original. Sie sind die am besten erhaltenen Werke Riepps.
Eine dritte, auf der rückwärtigen Empore stehende Hauptorgel wurde von der Fa. G. F. Steinmeyer/Oettingen 1957 erbaut. Das Werk ist dreimanualig mit mechanischer Traktur, während zwei kleinere Werke auf seitlichen Oratorien die Ergänzung zu einer insgesamt fünfmanualigen, von einem elektrischen Generalspieltisch aus zu betätigenden Gesamtanlage bilden.

68

St. Marien
Kirchgemeinde St. Marien
Mühlenstr. 41
D-19370 Parchim

Telefon: 03871/226140
Kontakt: Pastor Schünemann, Müh-
lenstr. 41, D-19370 Parchim
Öffnungszeiten: im Sommer Montag
bis Freitag 9.30-11.30 Uhr und 15-17
Uhr; sonst nach Vereinbarung
Konzerte: nein

Disposition:
2 Manuale und Pedal/32 Register
Hauptwerk/I. Manual/14 Register
Oberwerk/II. Manual/identisch mit
I. Manual
Pedal/4 Register

Vermutlich wurde die Orgel kurz
vor dem Dreißigjährigen Krieg erbaut, da die stilistische Verwandt-
schaft des Gehäuses mit der Kanzel
von 1601 unübersehbar ist. 1908
wurde von Faber und Greve/Salz-
hemmendorf ein neues Instrument
eingebaut. Das heutige Werk bedarf
dringender Erneuerung, da der
überaus prachtvolle Prospekt als Ergänzung ein ihm adäquates Orgelwerk verlangt.

69

Dom St. Stephan
Bischöfliches Ordinariat
Passau
Residenzplatz 8
D-94030 Passau

Fax: 0851/393830
Kontakt: Domorganist Hans Leitner
Öffnungszeiten: April bis Oktober 7-
18 Uhr, November bis März 7-17
Uhr
Konzerte: vom 2. Mai bis 31. Oktober Orgelmusik: werktags 12 Uhr,
donnerstags, außer an Feiertagen,
19.30 Uhr
Eintritt: unterschiedlich; für Konzerte mit Orgel, Chor, Orchester,
sowie Konzerte mit Gastorganisten
werden Preise eigens festgesetzt.

*Dispositionen der fünf Orgeln im
Dom zu Passau:*
Die fünf Orgeln haben den Tonum-
fang Manuale C-c'''', Pedal C-g'.

Hauptorgel (Große Orgel) (spielbar
vom fünfmanualigen Hauptspieltisch):
Die Hauptorgel im Götzschen Prospekt von 1731 auf der Westempore
des Mittelschiffes hat 126 Register
auf 4 Manualen und Pedal. Ein Aus-
zug mit 77 Registern auf vier Manualen und Pedal ist von einem integrierten Spielschrank aus mechanisch
spielbar; dabei wird die Setzerkombination mitbenutzt.
4 Manuale und Pedal/126 Register
Hauptwerk/I. Manual/24 Register
Chamadewerk/3 Register
Positiv/II. Manual/23 Register
Schwell-Bombardwerk/III. Manual/
30 Register
Brustwerk/IV. Manual/17 Register
Pedal/29 Register

Evangelienorgel (als V. Manual
spielbar vom Hauptspieltisch):
Die Evangelienorgel in einem Pfei-
lerorgelgehäuse auf der nördlichen
Seitenschiffempore, bildet das V.
Manual der Hauptorgel, verfügt
über 25 klingende Stimmen und entspricht als Bombarden- und Kor-
nettwerk der französischen Orgel
der Romantik.
Schwellwerk, Tiefkornett/22 Register
Pedal/3 Register

Epistelorgel (spielbar vollmecha-
nisch vom eigenen, freistehenden
Spieltisch und elektrisch vom
Hauptspieltisch):
Die Epistelorgel, in einem Pfeileror-
gelgehäuse auf der südlichen Seitenschiffempore; ist in italienischem

Stil gebaut und klanglich von großer
Ausdruckskraft; sie hat 25 klingende
Stimmen und verfügt über einen ei-
genen zweimanualigen Spieltisch.
2 Manuale und Pedal/25 Register
Hauptwerk/I. Manual/9 Register
Positiv/II. Manual/10 Register
Pedal/6 Register

Chororgel (mechanisch spielbar vom eigenen Spielschrank und elektrisch vom Hauptspieltisch):
Die Chororgel, flach an der nördlichen Chorwand, ist als eine Barockorgel in norddeutschem Stil mit 38 Registern auf 3 Manualen und Pedal konzipiert. Vom Spielschrank aus kann auch die Fernorgel gespielt werden.
3 Manuale und Pedal/38 Register
Hauptwerk/I. Manual/10 Register
Oberwerk/II. Manual/10 Register
Positiv/III. Manual/6 Register
Pedal/12 Register

Fernorgel (Echo) (elektrisch spielbar als V. Manual vom Hauptspieltisch, als III. Manual vom Chororgelspielschrank oder vom eigenen Spieltisch im Werk):
Die Fernorgel, auf dem Dachboden des Langhauses oberhalb der Kanzel, ist mit 19 Stimmen die kleinste unter den Teilwerken. 1993 wurde das Werk auf elektrische Schleiflade umgestellt und um 2 Register erweitert und schickt seine hochromantischen Klänge durch das Heiliger-Geist-Loch im Gewölbe des Hauptschiffes. Die Fernorgel kann auch vom Hauptspieltisch und vom Spielschrank der Chororgel aus bespielt werden.
Werk/15 Register; Pedal/4 Register

Aus verschiedenen Quellen geht hervor, daß sich im gotischen Dom, der beim Stadtbrand 1662 fast völlig zerstört wurde, schon mehrere Orgeln befanden. Im wieder aufgebauten barocken Dom schuf Leopold Freund/Salzburg 1688 ein neues Werk. Johann Ignaz Egedacher konstruierte von 1715 bis 1718 zwei Chororgeln mit je zehn Stimmen für die beiden Schwalbennestgehäuse des Meisters Paul Lederer. Beide Orgeln verlegte man 1860 auf zwei Seitenschiffemporen. 1924 wurden die Instrumente entfernt, die Gehäuse blieben aber erhalten. 1731 baute Egedacher eine neue Hauptorgel, die er in den herrlichen, 16 Meter hohen Prospekt mit großarti-

gen 32′-Pedaltürmen von Josef Matthias Götz integrierte.
Nach über 150 Jahren mußte das Instrument 1886 einem neuen Werk von Hechenberger weichen, das 1889 vollendet wurde. In den Jahren 1924 bis 1928 konzipierte G. F. Steinmeyer/Oettingen die schon damals größte Orgel der Welt mit 208 Registern auf fünf räumlich getrennten Orgelkörpern mit vier Spieltischen. Im Zuge der 1980 abgeschlossenen Gesamtrenovierung wurde die Passauer Domorgel durch die einheimischen Orgelbauer W. und L. Eisenbarth fast völlig neu gebaut, wobei ihre Konzeption noch der ursprünglichen Anlage entspricht. Sie verfügt jetzt über 233 Register, wiederum auf fünf Orgelkörper verteilt, die von einem fünfmanualigen elektrischen Generalspieltisch auf der Westempore bespielt werden können. Von diesem Spieltisch aus werden 17.774 Pfeifen zum Erklingen gebracht, dazu vier Glockenspiele mit insgesamt 134 Resonanzkörpern. Dieses größte Orgelwerk der Welt fügt sich wirkungsvoll in den gewaltigen Kirchenraum mit seiner üppigen Dekoration.
(Farbige Abbildung der Hauptorgel siehe Seite 74)

70 Alte Kirche St. Salvator
Ev.-luth. Kirchengemeinde
Pastorat Alte Kirche
D-25849 Pellworm

Telefon: 04844/260
Kontakt: Organistin Ines Adam, Pastorat Alte Kirche, D-25849 Pellworm; Tel.: 04844/260
Öffnungszeiten: im Sommer täglich 10-18 Uhr, sonst 10-16 Uhr
Konzerte: Juli und August, mittwochs 20.30 Uhr
Eintritt: nein

Disposition:
2 Manuale und Pedal/24 Register
Hauptwerk/I. Manual/10 Register
Brustwerk/II. Manual/6 Register
Pedal/8 Register

Schon 1525 befand sich eine Orgel in der Alten Kirche zu Pellworm. Beim Zusammensturz des Turmes 1611 wird sie mit zerstört worden sein. In den Jahren 1710/11 schuf der bedeutende norddeutsche Orgelbaumeister Arp Schnitger das heutige Werk, das über 180 Jahre in seiner ursprünglichen Disposition verblieb. Von 1890 bis 1892 wurde das Instrument von der Fa. Emil Hansen/Flensburg verändert, indem das Werk auf Kammerton gestimmt wurde. Nach einer Restaurierung durch Ernst Brandt/Quickborn (1954), führte die Fa. Gebrüder Hillebrand/Hannover eine zweite Restaurierung (1987-89) mit großer Sorgfalt durch, so daß die Orgel heute wieder Arp Schnitger gerecht wird.

Stadtpfarrkirche St. Maria, Philipsburg: Das 1811 von Andreas Ubhäuser erbaute Orgelgehäuse blieb bis heute erhalten; 1877 integrierte der Orgelbauer Voit ein neues Werk (71)

71 Stadtpfarrkirche St. Maria
Marktplatz 2
D-76661 Philippsburg

Telefon: 07256/285
Kontakt: Organist Thomas Herrmann, Söternstr. 12, D-76661 Phillipsburg
Öffnungszeiten: täglich 9-19 Uhr
Konzerte: gelegentlich
Eintritt: ja

Disposition:
2 Manuale und Pedal/25 Register
I. Manual/12 Register
II. Manual/8 Register
Pedal/5 Register

Von der 1811 von Andreas Ubhäuser/Heidelberg erbauten Orgel blieb bis heute das Orgelgehäuse erhalten, in das der Orgelbauer Voit/Durlach 1877 ein neues Werk integrierte. Es ist eine der größten, beinahe unverändert erhaltenen Orgeln Voits. Eingriffe in den 60er Jahren wurden 1976 von der Fa. Hartwig Späth/Freiburg korrigiert. Während eines Kirchenbrandes im Jahre 1988 zerbarsten die Metallpfeifen des Hauptwerks, die von Späth 1990 im Rahmen einer um-fangreichen Renovierung wieder rekonstruiert wurden. Das Orgelgehäuse blieb vom Feuer verschont.

72 Dom
Domhof
D-23909 Ratzeburg

Telefon: 04541/4677
Kontakt: KMD Dr. Neithard Bethke, Domhof 14, D-23909 Ratzeburg
Öffnungszeiten: 10-12 Uhr und 14-16 Uhr
Konzerte: Programm
Eintritt: ja

Dispositionen:
Westorgel:
4 Manuale und 1 Pedal/61 Register
Rückpositiv/I. Manual/11 Register
Hauptwerk/II. Manual/14 Register
Schwellwerk/III. Manual/17 Register
Brustwerk/IV. Manual/7 Register
Großpedal/8 Register
Kleinpedal/4 Register
Tonumfang Manuale C-g''';
Pedal C-f'

Chororgel:
2 Manuale und Pedal/9 Register
I. Manual/7 Register
II. Manual/1 Register
Pedal/1 Register
Tonumfang I. Manual c-g′; Pedal C-f′

Die zwei Orgeln im Ratzeburger Dom bestechen durch die schlichte, klar gegliederte Eleganz ihrer Gehäuse aus Eiche. Die obere Kontur des Prospekts der Westorgel vermittelt den Eindruck landschaftstypischer Fassadenfirste alter Häuser. Getragen wird der Korpus der Westorgel von einem schlanken Sockel, in dem Gebläse und Bälge untergebracht sind. Dieses Gehäuse beherbergt ein Instrument von großer technischer und klanglicher Qualität. Die Zinnpfeifen der Chororgel stehen in schöner Symmetrie auf den Windladen. Beide Werke sind äußerst gelungene Arbeiten der österreichischen Fa. Rieger Orgelbau/ Schwarzach/Vorarlberg. Die Westorgel stammt aus dem Jahre 1978, die Chororgel von 1972.
(Farbige Abbildung der Westorgel siehe Seite 73)

73 Basilika Unserer Lieben Frau zur Alten Kapelle Kath. Stiftspfarramt St. Kassian St. Kassianspl. 7a D-93047 Regensburg

Telefon: 0941/55272
Kontakt: Kanonikus Johann Weiß
Öffnungszeiten: 6.30-12 Uhr und 14 Uhr bis Eintritt der Dunkelheit
Konzerte: ja (die Basilika wird z. Zt. renoviert)
Eintritt: ja

Disposition:
3 Manuale und Pedal/32 Register
Brustpositiv/I. Manual/8 Register
Hauptwerk/II. Manual/10 Register
Oberwerk/III. Manual/7 Register
Pedal/7 Register
Tonumfang Manuale C-g‴; Pedal C-f′

Bei einem Orgelneubau durch Kaspar Sturm/Regensburg 1548 erhielt das Werk, das zuvor an der Südseite des Langhauses untergebracht war, einen neuen Platz auf einer Empore im Chor. Von 1787 bis 1791 erstellte Andreas Weiß/Nabburg ein Instrument mit zwei Manualen und Pedal und 21 Registern in einem herrlichen Gehäuse an der Westwand der Kirche. Dieses Werk zählte zu den bedeutendsten Orgeln des ausgehenden 20. Jahrhunderts im ostbayrischen Raum und vereinte in seiner Disposition typische Merkmale des bayrischen Barock.
Es folgten Reparaturen, Um- und Neubauten im 19. und 20. Jahrhundert. Die Firma Hirnschrodt/Regensburg baute 1974 ein neues Instrument in den erhaltenen historischen Prospekt, wobei sie der Aufgabe, eine der barocken Klangidee, aber auch dem Klangempfinden unserer Zeit entsprechende Orgel zu bauen, gerecht wurde.

74 Christkirche Prinzenstr. 13 D-24768 Rendsburg

Telefon: 04331/22442
Kontakt: KMD Horst Müller-Olm
Öffnungszeiten: im Sommer zeitweilig geöffnet, sonst Schlüssel im benachbarten Gemeindebüro erhältlich
Konzerte: wechselnd, oft montags
Eintritt: ca. DM 5,-

Disposition:
4 Manuale und Pedal/52 Register
Unterpositiv/I. Manual/11 Register
Hauptwerk/II. Manual/11 Register
Brustwerk/III. Manual/6 Register
Schwellwerk/IV. Manual/13 Register
Pedal/11 Register

Die erste Orgel in der 1700 geweihten Christkirche wurde 1716 von Arp Schnitger fertiggestellt. Das Werk erhielt ein reichverziertes Gehäuse im Stil des für Norddeutsch-

Schnitger-Orgel von 1716 mit neuem Werk der Fa. Karl Schuke in der Christkirche Rendsburg (74)

land typischen Barock. Nach einem gründlichen Umbau durch die dänische Fa. Marcussen/Apenrade im Jahre 1879, wobei ein Teil des alten Pfeifenmaterials wiederverwendet wurde, erfolgte 1973 der Neubau eines Instruments im alten Gehäuse durch die Fa. Karl Schuke/Berlin. Fünf Stimmen von Schnitger und elf Register von Marcussen wurden sorgfältig restauriert und blieben damit dem jetzigen vorzüglichen Werk erhalten.

75 **St. Georgenkirche Ev.-luth. Pfarramt Rötha Johann-Sebastian-Bach-Platz 11 D-04571 Rötha**

Telefon: 034206/72228
Kontakt: Kantorin Annette Groß
Öffnungszeiten: zu den Gottesdiensten sonntags 9.30 Uhr; Orgelführungen nach Vereinbarung mit der Kantorin
Konzerte: ca. 8 Konzerte jährlich; Orgelkonzert um 20 Uhr am Silvesterabend
Eintritt: unterschiedlich

Disposition:
2 Manuale und Pedal/23 Register
Hauptwerk/I. Manual/10 Register
Oberwerk/II. Manual/10 Register
Pedal/3 Register

Bei der von Gottfried Silbermann und seinem Schüler Zacharias Hildebrandt in den Jahren 1718 bis 1721 für 1000 Taler erbauten Orgel handelt es sich um eine für kleine Instrumente Silbermanns typische Disposition. Thomaskantor Johann Kuhnau/Leipzig weihte das Werk ein. 1832 änderte man das Instrument von mitteltöniger auf gleichschwebende Stimmung. 1935 erfolgte die Wiederherstellung der durch Holzwurmbefall stark gefährdeten Orgel durch die Fa. Eule/Bautzen. Dieselbe Firma führte 1980 eine gründliche Restaurierung durch. Das Werk ist heute weitestgehend im Originalzustand. Auch eine zweite, kleine Silbermann-Orgel in der Marienkirche zu Rötha verdient Beachtung.

76 **Klosterkirche Mariä Himmelfahrt Prämonstratenserkloster Roggenburg Klosterstr. 5 D-89297 Roggenburg**

Telefon: 07300/9600-0
Fax: 07300/9600-33
Kontakt: Stefan U. Kling, Klosterstr. 5, D-89297 Roggenburg
Öffnungszeiten: Winter 9-16 Uhr, Sommer 9-19 Uhr
Konzerte: Mai/Juni/Oktober mit internationalen Künstlern
Eintritt: ja (DM 5,- bis 10,-)

Disposition:
5 Manuale und Pedal/56 Register
Rückpositiv/I. Manual/10 Register
Hauptwerk/II. Manual/12 Register
Schwellwerk/III. Manual/14 Register
Kronwerk/IV. Manual/6 Register
Kleinpedal/V. Manual/5 Register
Pedal/9 Register

Von 1752 bis 1761 schuf Georg Friedrich Schmahl/Ulm sein bedeutendstes Werk – die Orgel zu Roggenburg – in dem beeindruckenden, wunderschönen Rokokoprospekt von Johann Georg Bergmüller. Sie zählte zu den größten Orgeln Süddeutschlands. Schmahl konstruierte das Instrument dreimanualig mit Pedal und 43 Registern im Stil einer süddeutschen Barockorgel mit Einflüssen französischer Orgeln des 18. Jahrhunderts. 1905 erstellten die Gebrüder Hindelang/Ebenhofen ein neues Werk, das sich in seiner Disposition deutlich hochromantisch zeigte und somit den barocken Orgelstil ablöste, der im ausgehenden 19. Jahrhundert nicht mehr dem Geschmack der Zeit entsprach.
Die Ära der romantischen Orgel wurde jedoch im 20. Jahrhundert abgelöst von der wieder zu Ehren gekommenen barocken Orgelmusik. So entstand 1955/56 ein neues Instrument der Fa. Leopold Nenninger/München. Diese dritte Orgel in Roggenburg erfuhr 1985/86 einen gründlichen Umbau durch die Fa. Gerhard Schmid/Kaufbeuren. Bei der klanglichen Neugestaltung wurden vorhandene Register der Hindelang-Orgel sowie brauchbare Stimmen der Nenninger-Orgel mit entsprechenden neuen Registern zu einem harmonischen Klangaufbau verbunden. Da beim Neubau von 1905 leider kein Register der Schmahl-Orgel von 1761 übernommen wurde, sind im heutigen Instrument keine Pfeifen aus der Barockzeit vorhanden. (Farbige Abbildung siehe Seite 78)

77 Marienkirche
Pfarramt St. Marien
Ziegenmarkt 4
D-18055 Rostock

Kontakt: Kantor Joachim Vetter, Bei der Marienkirche 2, D-18055 Rostock
Öffnungszeiten: Montag bis Samstag 10-17 Uhr

Konzerte: Mitte Juni bis Mitte September jeweils mittwochs
Eintritt: ja

Disposition:
4 Manuale und Pedal/83 Register
Positiv/I. Manual/11 Register
Kronwerk/I. Manual/7 Register
Hauptwerk/II. Manual/14 Register
Oberwerk/III. Manual/13 Register
Schwellwerk/IV. Manual/16 Register
Pedal/22 Register
Tonumfang Manuale C-f′′′;
Pedal C-f′

Die Orgel in St. Marien wird in Publikationen häufig als Paul-Schmidt-Orgel von 1770 bezeichnet. Das einzige, wirklich aus dieser Zeit von Paul Schmidt stammende Überbleibsel ist jedoch der Prospekt der Orgel, der in einmaliger Art von der Fürstenloge in zwei Geschossen bis zum Gewölbe reicht. 1793 vollendete der Berliner Orgelbauer H. Ernst Marx ein neues Instrument mit vier Manualen, Pedal und 61 Stimmen. Es folgten die üblichen Erweiterungen und Reparaturen, bis 1938 das Werk durch die Fa. Sauer/Frankfurt/Oder total umgebaut wurde, indem die Disposition geändert und die Orgel eine elektropneumatische Traktur erhielt. 1983 wurde das Werk von der Fa. Sauer gründlich überholt.

78 Ehemalige Stiftskirche, jetzige Pfarrkirche Mariä Geburt
Kath. Pfarramt
Klosterhof 40
D-82401 Rottenbuch

Kontakt: Küster Josef Lindauer
Konzerte: nein

Disposition:
3 Manuale und Pedal/29 Register
Rückpositiv/I. Manual/6 Register
Hauptwerk 1/II. Manual/9 Register
Hauptwerk 2/III. Manual/7 Register
Pedal/7 Register

Balthasar Freiwiß/Aitrang, der auch Orgeln in Irsee und Oberammergau errichtete, setzte 1747 ein Instrument in ein im gleichen Jahr von F. X. Schmädl erbautes, herrlich dekoratives Gehäuse ein.

Heute ist das Orgelwerk allerdings viel bescheidener als es der großartige barocke Orgelprospekt erwarten läßt. Der Klangcharakter wurde durch mehrfache Reparaturen und Eingriffe (1783 Andreas Handmann/Schongau, 1857 und 1878 Fa. März/München) stark verändert. 1933 versuchte der Orgelbauer Zeilhuber/Altstädten die barocke Tonfärbung wiederherzustellen.

St.-Petri-Dom, Schleswig: Marcussen-Orgel von 1963 (79)

79 St.-Petri-Dom
Domküsterei
D-24837 Schleswig

Telefon: 04621/963054
Fax: 04621/963013
Kontakt: Domorganist KMD Karl Helmut Herrmann, Süderdomstr. 11, D-24837 Schleswig; Tel.: 04621/963053
Öffnungszeiten: Mai bis September 9-17 Uhr, Oktober bis April 10-16 Uhr
Konzerte: Anfang Juni bis Mitte September: Mittwoch 20 Uhr (mit Eintritt); Anfang Mai bis Ende September: jeden Samstag 12-12.20 Uhr »Orgelmusik zur Mittagszeit« (Eintritt frei)

Disposition:
3 Manuale und Pedal/51 Register
Hauptwerk/12 Register
Rückpositiv/12 Register
Brustwerk/14 Register
Pedal/13 Register

Quellen besagen, daß sich schon 1466 eine Orgel im Schleswiger Dom befunden hat. Das Balkengerüst, die Prospektaufteilung und die zwei Pfeifenfelder im oberen Teil des Gehäuses gehen auf einen Neubau von 1610 zurück. Der Prospekt zeigt heute die barocke Umgestaltung, die er bei einem Neubau der Orgel im Jahre 1701 erhielt. Das Monogramm Christians IV. über dem Mittelturm wurde 1731 während eines Umbaus angebracht. Die dänische Werkstatt Marcussen & Søn erstellte 1963 die Orgel, die heute in dem historischen Prospekt erklingt.

80 Dom
Gemeindebüro
D-19055 Schwerin

Telefon: 0385/812501 (Montag bis Freitag 10-11 Uhr)
Kontakt: Küster Nagel oder Semrock; Tel.: 0385/83687; Pastor Sagert; Tel.: 0385/5571671
Öffnungszeiten: Juli bis August 10-13 Uhr und 14-17 Uhr
Konzerte: mittwochs 20 Uhr
Eintritt: ja

Disposition:
4 Manuale und Pedal/84 Register
I. Manual/20 Register
II. Manual/19 Register
III. Manual/12 Register
IV. Manual/12 Register
Pedal/21 Register

Friedrich Ladegast aus Weißenfels erbaute 1871 die Orgel in dem schönen gotischen Dom. Ladegast war Anhänger der Silbermannschen Klanggestaltung und arbeitete unter anderem einige Zeit bei dem berühmten französischen Orgelbaumeister Cavaillé-Coll. Die Summe dieser Erfahrungen brachte er mit großem handwerklichen Können in seine Arbeiten ein. So zählt auch sein Werk im Schweriner Dom zu den bedeutendsten romantischen Orgeln Europas. Sie wurde von 1982 bis 1988 durch die Potsdamer Fa. Schuke-Orgelbau restauriert und ist bis auf den erneuerten Prospekt original erhalten. Mit ihren silbern glänzenden Frontpfeifen im braunhölzernen Gehäuse hebt sie sich wirkungsvoll von dem Weiß der Wände, Pfeiler und Gewölbe ab.

Dom zu Schwerin: Ladegast-Orgel von 1871 (80)

81 SS. Cosmae et Damiani Kirchengemeinde
St. Cosmae-Nicolai
Cosmaekirchhof 3-5
D-21682 Stade

Kontakt: Organist Martin Böcker, Cosmaekirchhof 5, D-21682 Stade
Öffnungszeiten: April bis September 10-12 Uhr und 14-16.30 Uhr; Oktober bis März 10-12 Uhr und auf Anfrage
Konzerte: »Stunde der Kirchenmusik« am dritten Samstag im Monat; in den Sommermonaten (auch Mai) »Stader Orgelsommer«; Konzerte an den historischen Orgeln in SS. Cosmae et Damiani und St. Wilhadi zu Stade
Eintritt: »Stunde der Kirchenmusik« frei, sonstige Konzerte mit Eintritt

Disposition:
3 Manuale und Pedal/42 Register
Oberwerk/12 Register
Brustwerk/10 Register
Rückpositiv/10 Register
Pedal/10 Register
Tonumfang Manuale C, D, E, F, G, A-c'''; Pedal C, D, E-d'
ein Glockenspiel ist vom Oberwerk aus spielbar

1668 bekam der Glückstädter Berendt Huß den Auftrag, für SS. Cosmae et Damiani eine neue Orgel zu bauen. Arp Schnitger arbeitete zu der Zeit in der Werkstatt von Huß. 1675 fertiggestellt, zeigte die Orgel schon die Konstruktionselemente und -merkmale des späteren Stils von Schnitger. Auf Wunsch des seit 1675 als Organist an SS. Cosmae et Damiani tätigen Vincent Lübeck führte Schnitger 1688 vier Registeränderungen durch. Auch im 18. und 19. Jahrhundert erfolgten Umbauten und Reparaturen. Eine Restaurierung im Jahre 1948 durch die Göttinger Fa. Ott ergab in technischer wie klanglicher Hinsicht kein befriedigendes Ergebnis. Erst die von der Werkstatt Jürgen Ahrend/Leer-Loga auf den Grundlagen der Orgelbaukunst des Barock durchgeführte

SS. Cosmae et Damiani, Stade: 1675 fertiggestellte Orgel von B. Huß (81)

Restaurierung verlief äußerst erfolgreich, indem sie die Cosmae-Orgel auf den Stand von 1688 zurückführte. Die norddeutsche Orgelmusik des 17. Jahrhunderts kann auf diesem herrlichen Instrument, dem Klangbild ihrer Zeit entsprechend, wiedergegeben werden. Die Restaurierung dieser Orgel wurde Maßstab für darauf folgende Arbeiten an anderen historischen Orgeln.

82 **St. Wilhadi**
Kirchengemeinde
St. Wilhadi
Wilhadikirchhof 10
D-21682 Stade

Telefon: 04141/3423
Kontakt: KMD Albert Behrends;
Tel.: 04141/44618
Öffnungszeiten: Dienstag bis Freitag 10-12.30 Uhr und 14.30-16 Uhr, Samstag 10-12.30 Uhr, Sonntag 14.30-17 Uhr
Konzerte: Einmal monatlich sonntags 11.30 Uhr; »Stader Orgelsommer« zusammen mit SS. Cosmae et Damiani; weitere Orgelkonzerte und Kurse
Eintritt: Matinee frei/Konzerte: ja

Disposition:
3 Manuale und Pedal/40 Register
Hauptwerk/12 Register
Brustwerk/8 Register
Positiv (Hinterwerk)/10 Register
Pedal/10 Register
Tonumfang Manuale C, D-c''';
Pedal C, D-d'

Schon im Jahr 1322 ist eine Orgel in St. Wilhadi nachgewiesen, die im Vorgängerbau der jetzigen, im 14. Jahrhundert errichteten Kirche stand. Ein zweites Werk wurde 1511 bei einem Turmbrand und eine dritte, 1623 erwähnte Orgel 1659 beim großen Brand in Stade vernichtet. In den Jahren 1673 bis 1676 erfolgte ein Orgelneubau durch Berendt Huß/Stade, den Arp Schnitger 1678 abschließen konnte. Beim dänischen Bombardement von 1712 wurde die Orgel erneut zerstört, aber auch schon 1713/14 von Arp Schnitger wiederhergestellt. Die Katastrophen in der leidvollen Geschichte der Wilhadikirche waren damit aber noch nicht überstanden, denn 1724 vernichtete ein Blitz Turm und Orgel. Erasmus Bielfeldt/Stade konstruierte von 1730 bis 1736 ein neues Werk. Danach folgten Umbauten und Reparaturen durch Georg Wilhelm Wilhelmy/Stade (1785/86 und 1824/25), Johann Hin-

Bielfeldt-Orgel von 1736 in St. Wilhaldi, Stade (82)

rich Röver/Stade (1875/76) und Paul Ott/Göttingen (1937/38 und 1960 bis 1963).

Eine umfangreiche Restaurierung des Orgelwerks durch Jürgen Ahrend/Leer-Loga erfolgte von 1987 bis 1990, während der eine Rückführung auf den Stand von 1736 angestrebt wurde, indem unter anderem das historische Pfeifenwerk restauriert und fehlende Register nach historischen Vorlagen ersetzt wurden.

Die Restaurierung des Instruments und des Gehäuses verlief erfolgreich, so daß die Bielfeldt-Orgel als jüngere Schwester der Huß-Orgel in St. Cosmae et Damiani den Vergleich mit dieser nicht zu scheuen braucht.

83 Welfenmünster, jetzt Pfarrkirche St. Johann Baptist D-86989 Steingaden

Kontakt: Caspar Berlinger, Tegelbergstr. 16, D-86989 Steingaden; Tel.: 08862/6000
Öffnungszeiten: unterschiedlich
Konzerte: Sommer und Weihnachten
Eintritt: ja

Disposition:
2 Manuale und Pedal/27 Register
Rückpositiv/I. Manual/6 Register
Hauptwerk/II. Manual/13 Register
Pedal/8 Register
Tonumfang Manuale C-g''';
Pedal C-f'

Die Orgel wurde 1743 von einem unbekannten Meister errichtet. 1964 wurde sie unter Mitverwendung alten Materials renoviert, um den historischen Charakter des Werkes zu erhalten. Der elegante Prospekt auf der geschwungenen Emporenbrüstung scheint in das herrliche Deckengemälde des Augsburger Meisters Johann Georg Bergmüller überzugehen.

84 Marienkirche Ev. Pfarramt St. Marien D-18439 Stralsund

Telefon: 03831/292726
Kontakt: Kantor Martin Hofmann
Öffnungszeiten: 10-17 Uhr während der Sommersaison, außerhalb der Saison Anmeldung im Pfarramt erforderlich
Konzerte: Mitte Mai bis Mitte September 14-tägig und Konzerte zu kirchlichen Feiertagen
Eintritt: DM 7,- und 4,-; Konzerte zu kirchlichen Feiertagen frei

Disposition:
3 Manuale und Pedal/51 Register
Hauptwerk/12 Register
Oberpositiv/11 Register
Rückpositiv/14 Register
Pedal/14 Register
Tonumfang Manuale C, D-c''';
Pedal C, D-f'

Die letzte Orgel Friedrich Stellwagens, 1659 (seinem Todesjahr) von ihm fertiggestellt, ist kostbarster Teil der Innenausstattung der Marienkirche. Das Werk erlitt mehrfach Beschädigungen und Teilzerstörungen durch Kriegshandlungen, die jedoch dank sorgfältiger Instandsetzungen durch einige Orgelbauer immer wieder behoben werden konnten. Nach schwerster Beschädigung im Zweiten Weltkrieg erfolgte ab 1951 eine umfangreiche Restaurierung durch die Fa. Alexander Schuke/Potsdam, die die alte Disposition Stellwagens wiederherstellte und ihre Arbeit an dem Instrument 1972 erfolgreich abschloß.
Das Gehäuse zeigt niederländischen Einfluß; seine Pfeifengruppen sind in deutlich voneinander getrennte »Werke« aufgeteilt. An der herrlich geschnitzten Ornamentik des Prospekts wird noch gearbeitet. Die letzte typische Stellwagen-Orgel ist in sehr gutem historischen Zustand.

Marienkirche, Stralsund: Hier steht die letzte von Stellwagen gebaute Orgel; sie ist in sehr gutem historischen Zustand (84)

85 Hohe Domkirche
Domfreihof 4
D-54290 Trier

Kontakt: Domorganist Josef Still
Öffnungszeiten: Sommer 6-18 Uhr, Winter 6-12 Uhr und 14-17.30 Uhr
Konzerte: Mai bis Juni: Orgeltage (Kostenbeitrag); August bis September: Orgelmusik im Dom samstags von 11.30-12 Uhr (Eintritt frei)

Disposition:
4 Manuale und Pedal/67 Register
Rückpositiv/I. Manual/13 Register
Hauptwerk/II. Manual/16 Register
Brustwerk/III. Manual/11 Register
Schwellwerk/IV. Manual/13 Register
Pedal/14 Register
Nebenregister: Glocken (Hauptwerk)

Seit dem 14. Jahrhundert ist eine Orgel im Dom zu Trier nachzuweisen. Größere Werke bedeutender Meister folgten. Diese Orgeln befanden sich an der nördlichen Wand des Mittelschiffs über der Kanzel als Schwalbennestorgel. Für die nachfolgenden Instrumente wurden wechselnde Standorte, zum Beispiel im West- und Ostchor, bestimmt.
Seit 1974 existiert ein neues Werk der Fa. Johannes Klais/Bonn, welches wieder als Schwalbennestorgel am Platz seiner ersten Vorgängerinnen an der Nordwand des Mittelschiffs steht. Das imposante Werk (30 Tonnen, Höhe sechzehn und Breite acht Meter) erhebt sich fünfstöckig aus dem Orgelfuß, wodurch der innere Aufbau des Instruments erkennbar wird. Der Prospekt, im Stil des Barock plastisch und farblich reich verziert, fügt sich harmonisch in das Kirchenbauwerk und seine Mitte, den Altarbereich.

86 Ev. Kirche am Kloster
Ev. Kirchengemeinde/
Kirchenbüro
Jochen Klepper Straße
D-25436 Uetersen

Telefon: 04122/2122
Kontakt: KMD Richard Plath, Bleekerstr. 4, D-25436 Uetersen; Tel.: 04122/2471
Öffnungszeiten: Samstag 14-16 Uhr, Sonntag 14-16 Uhr und zum Gottesdienst 9.30 Uhr; Gruppenführungen nach Voranmeldung
Konzerte: Termine in der Tagespresse
Eintritt: ja

Disposition:
2 Manuale und Pedal/30 Register
Hauptwerk/12 Register
Brustwerk/9 Register
Pedal/9 Register
Tonumfang Manuale C-g''';
Pedal C-f'

Im Zuge der Abtragung der alten Klosterkirche 1748 baute Johann Dietrich Busch/Itzehoe (Schüler Arp Schnitgers) die alte Orgel aus, um Pfeifen und Holzmaterial für den Neubau eines Instruments zu verwenden, das er 1749 fertigstellte.

Die Orgel erfuhr einige Umbauten, bis die Fa. Rudolf von Beckerath/ Hamburg 1978 das Pfeifenwerk restaurierte und das Instrument technisch neu aufbaute. Das über der Orgel beginnende große Fresko des italienischen Malers Giovanni Battista Innocenzo Colombo mit der im Mittelpunkt des himmlischen Orchesters gestalteten großen »Baßgeige« vermittelt perspektivisch den Eindruck des sich öffnenden Himmels.

87 Dom
Ev.-luth. Domkirchengemeinde
Nikolaiwall 26a
D-27283 Verden/Aller

Telefon: 04231/2355
Kontakt: KMD Tillmann Benfer, Domstr. 18, D-27283 Verden/Aller; Tel.: 04231/4885
Öffnungszeiten: täglich 9-17 Uhr (außer zu den Gottesdienstzeiten)
Konzerte: Juni bis September: »Verdener Sommerkonzerte im Dom« donnerstags 19 Uhr (Sonderprospekt); März bis Mai und Oktober bis Dezember: siehe Jahresplan
Eintritt: bei den Sommerkonzerten frei

Dispositionen:
Romantische Orgel:
3 Manuale und Pedal/54 Register
I. Manual/12 Register
II. Manual/14 Register
III. Manual/16 Register
Pedal/12 Register
Tonumfang Manuale C-g‴;
Pedal C-f′

Neue Orgel:
3 Manuale und Pedal/43 Register
Rückpositiv/I. Manual/11 Register
Hauptwerk/II. Manual/12 Register
Brustwerk/III. Manual/8 Register
Pedal/12 Register
Tonumfang Manuale C-g‴;
Pedal C-f′

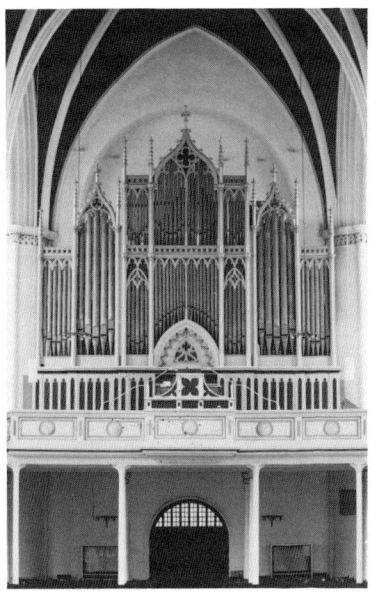

»Romantische Orgel« von Furtwängler & Hammer (1916) im Dom zu Verden (87)

Der Dom zu Verden kann sich rühmen, zwei schöne große Orgeln zu besitzen. Auf der Westempore befindet sich die sogenannte »Romantische Orgel«, 1916 von Furtwängler & Hammer hinter einem Prospekt neogotischen Stils erbaut. Das Werk wurde 1986 erfolgreich restauriert.
Auf der Nordempore ist die moderne, sogenannte »Neue Orgel« der Firma Hillebrand von 1968 installiert. Beide Orgeln können in einem Konzert gemeinsam gespielt werden und vermitteln dadurch ein ungewöhnlich reiches Klangvolumen. Diese Tatsache lockt bekannte Künstler zum Konzertieren in den Dom, dessen vielfältige musikalische Veranstaltungen sich größter Beliebtheit erfreuen.
Im Chorraum befindet sich noch ein von Paul Ott 1954 geschaffenes Positiv mit 5 Stimmen und geteilter Lade bei h°/c′.

Ev. Kirche (ehem. Abteikirche), Amorbach/Odenwald:
Orgel von J. Ph. und J. H. Stumm (1) △

Dorfkirche Basedow: Orgel von 1680/83 mit thematisch
bemalten Türen und Vorhängen (6) ▽

Kathedrale Ss. Trinitatis (Kath. Hofkirche), Dresden:
Einzige in Dresden erhaltene Silbermann-Orgel,
die 1971 ihre Wiedereinweihung erlebte (20) △

Egedacher-Orgel im dreitürigen Orgelprospekt im
Mariendom zu Freising; besonders schön sind die
Gemälde auf den Flügeltüren:
Oben, bei geschlossenen Türen, ist »Mariä Verkündigung« zu sehen;
unten, bei geöffneten Türen, das »Engelskonzert« (28) ▷

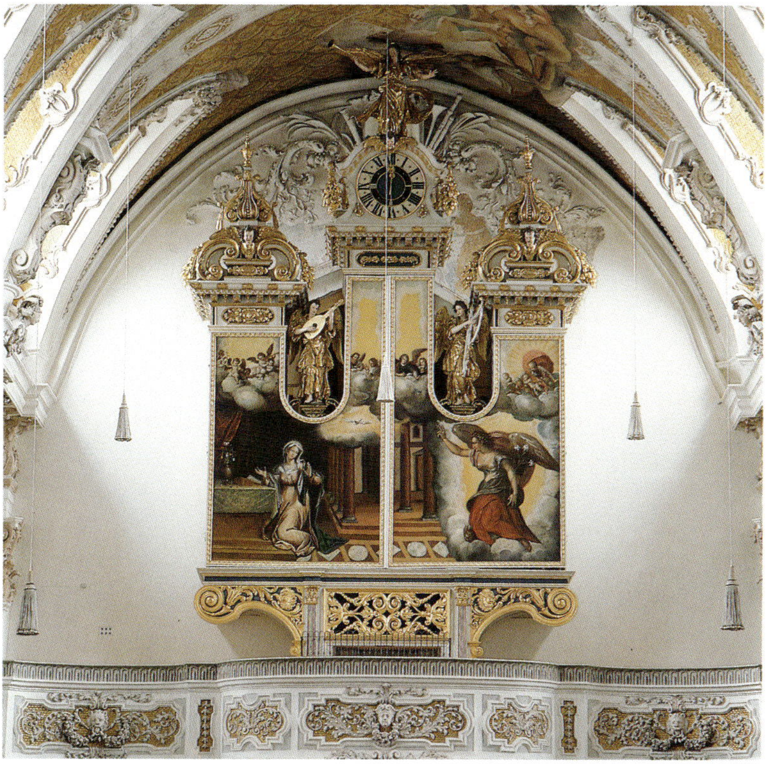

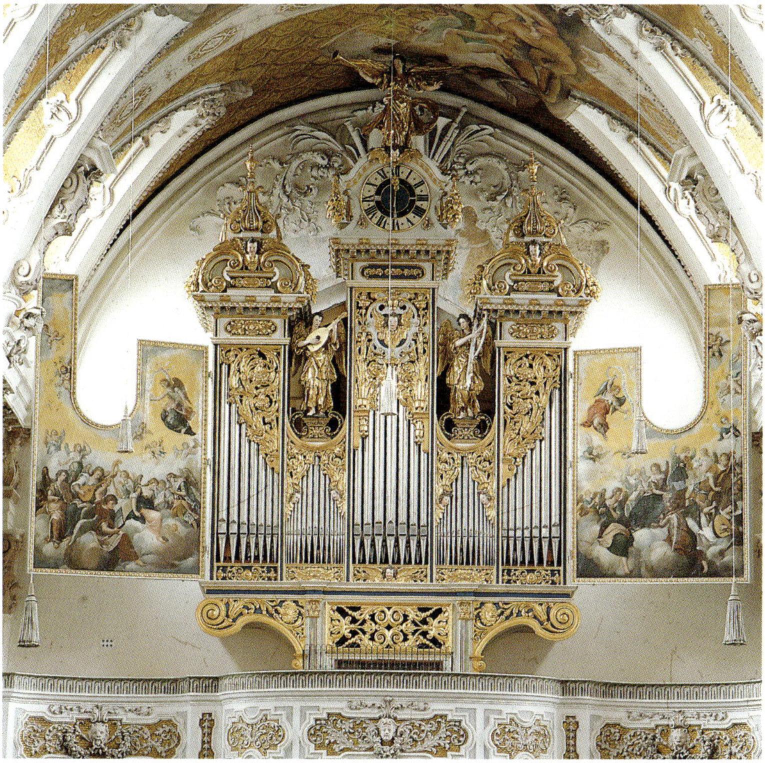

*Hauptkirche St. Jacobi, Hamburg: Schnitger-Orgel
aus dem Jahre 1693; 1993 wurde sie
nach altem Vorbild restauriert* (35)

Stadtpfarrkirche Mariae Himmelfahrt, Landsberg:
Fünfmanualige Orgel, 1688/89 von David Jakob Weidtner konzipiert;
1983 Neubau eines Orgelwerks und Restauration
durch Gerhard Schmid (45)

Thomaskirche, Leipzig: Schuke-Orgel von 1967 (46)

*Hauptorgel im Münchner Dom »Zu Unserer Lieben Frau«,
die erst im April 1994 geweiht wurde* (56) ▷

St. Lambertikirche, Münster:
Orgelwerk von der Fa. Karl Schuke 1989 erbaut,
Gehäuse von Erich Brüggemann (59)

Dom zu Ratzeburg:
Westorgel, 1978 von der Fa. Rieger erbaut (72) ▷

Dom St. Stephan, Passau:
Hauptinstrument von fünf Orgelkörpern
der größten Kirchenorgel der Welt (69)

Spieltisch der Moreau-Orgel in der St. Janskerk, Gouda;
er ist wundervoll gearbeitet und
original erhalten (169)

Spieltisch der Willis-Orgel
im Blenheim Palace, Woodstock (191)

*Sechsmanualiger Zentralspieltisch,
von dem aus alle sechs Orgeln des Mainzer Domes
bespielt werden können* (50)

*Der dreimanualige Spieltisch der Orgel
in der ev.-luth. Kirche zu Den Haag* (168)

Das bedeutendste Werk Georg Friedrich Schmahls,
eine fünfmanualige Orgel mit Rokokoprospekt
in der Klosterkirche Mariä Himmelfahrt, Roggenburg (76)

Käppele, Würzburg:
Koehler-Orgel mit Rokoko-Prospekt und neuem Werk,
1991 von der Fa. Hans Georg Vleugels gebaut (91), rechts oben

Die Stiftskirche in St. Florian bei Linz
beherbergt die bedeutendste Orgel Österreichs (99), rechts unten

Diese Orgel mit einem Gehäuse neugotischen Stils in der Cathédrale St. Pierre (Makkabäerkapelle), Genf, wurde 1988 von der Fa. F. C. Walcker errichtet (106)

Großmünster Zürich: Orgel mit Kupferpfeifen,
zwischen 1956/60 von der Fa. Metz & Söhne erbaut (111)

Dom zu Roskilde:
Die Raphaelis-Orgel von 1654 wurde 1988/91
von der Fa. Marcussen & Søn restauriert (126)

Orgel auf der Nordseite des Mailänder Doms,
1533-1577 von Gian Giacomo Antignani erbaut,
und Generalspieltisch (139)

Reale Collegio di Spagna, Bologna:
1790 von Gioacchino Pilotti erstellte Orgel
im Gehäuse von Giuseppe Jarmorini (138)

*Die »Goldene Orgel« von Piantanida
befindet sich in der Kirche Notre-Dame-des-Doms,
Avignon* (146)

Kirche St.-Maclou, Rouen:
Orgelwerk der Fa. Haerpfer & Erman von 1944 (159)

St. Bavo Kerk (Grote Kerk), Haarlem:
Müller-Orgel von 1738 in einem Prospekt von Jan van Logteren (171) ▷

St. Gile's Cathedral, Edinburgh:
Von der Fa. Rieger-Orgelbau 1992 erstelltes,
perfekt konzipiertes Orgelwerk (182)

88 Ev. Versöhnungskirche Poststraße D-66333 Völklingen

Kontakt: Kantorin Sofie Mayer, Danziger Str. 26, D-66333 Völklingen; Tel.: 06898/24338
Öffnungszeiten: nach Vereinbarung
Konzerte: keine Angaben

Disposition:
3 Manuale und Pedal/54 Register
Rückpositiv/I. Manual/12 Register
Hauptwerk/II. Manual/14 Register
Schwellwerk/III. Manual/15 Register
Pedal/13 Register

Das 1930 von der Fa. Walcker erbaute Werk mußte über ein Jahrzehnt schweigen, da die technische Anlage nicht mehr funktionsfähig war. Die Orgelbauwerkstatt Karl Schuke/Berlin führte in einjähriger Arbeit die Renovierung dieser größten Orgel des Saarlandes durch. Das Werk erhielt eine moderne Technik, durch die man die klingende Substanz des Instruments, die mehr dem romantischen Klangideal entsprechende Disposition, zu wahren suchte. Die Walcker-Schuke-Orgel wurde am 26. August 1979 in einem feierlichen Gottesdienst wieder ihrer Bestimmung übergeben.

Die größte Orgel des Saarlandes steht in der Ev. Versöhnungskirche zu Völklingen; sie wurde von der Fa. Karl Schuke renoviert und ist seit 1979 wieder bespielbar (88)

89 Stadtkirche St. Peter und Paul (Herderkirche) Ev.-luth. Kirchgemeinde Herderpl. 7/8 D-99423 Weimar

Kontakt: KMD Hannelore Köhler, Humboldtstr. 58, D-99425 Weimar
Öffnungszeiten: Sommer: 10-12 Uhr und 14-16 Uhr; Winter: 11-12 Uhr und 14-15 Uhr, sonntags 14-15 Uhr,
Konzerte: Ende Mai bis Ende September Orgelkonzerte »Stunde der Orgelmusik«
Eintritt: ja

Disposition:
3 Manuale und Pedal/55 Register
Hauptwerk/I. Manual/13 Register
Positiv/II. Manual/8 Register
Schwellwerk/III. Manual/18 Register
Pedal/16 Register

Die Orgel der Stadtkirche St. Peter und Paul (auch Herderkirche) erbaute im Jahre 1908 E. F. Walcker. 1945 durch Kriegseinwirkung schwer beschädigt, wurde sie 1953 wieder funktionstüchtig hergerichtet und bis 1964 durch die Fa. Wilhelm Sauer/Frankfurt/Oder renoviert. Ein Neubau des Instruments ist geplant. In der Herderkirche wirkten so berühmte Organisten wie Johann Gottfried Walther (1707-1748) und Johann Gottlob Töpfer (1830-1870). Carl Philipp Emanuel Bach, Sohn des großen Johann Sebastian, erhielt seine Taufe (laut Taufbuch von 1714) in der Stadtkirche zu Weimar, in der auch ein Altargemälde von Lucas Cranach d. Ä. zu bewundern ist.

90 Basilika
D-88250 Weingarten

Kontakt: KMD Heinrich Hamm, Gartenstraße 16, D-88250 Weingarten
Öffnungszeiten: 7-18.30 Uhr
Konzerte: Juli/August: Zyklus mit 6 Konzerten an Sonntagen
Eintritt: ja

Disposition:
4 Manuale und 2 Pedale/66 Register
Hauptwerk/I. Manual/11 Register
Oberwerk/II. Manual/12 Register
Echowerk/III. Manual/12 Register
Brustpositiv/IV. Manual/13 Register
Hauptpedal/9 Register
Brustpedal/9 Register
Tonumfang Manuale C-c‴;
Pedale C-d′

Die Orgel in Weingarten, in den Jahren 1737 bis 1750 von Joseph Gabler/Ochsenhausen als sein eigentliches Lebenswerk geschaffen, ist bis heute original erhalten und ein Höhepunkt süddeutscher Orgelbaukunst. Die Architektur des Werkes ist einzigartig dadurch, daß sie die Fenster der Westwand in das Gesamtkonzept des Prospekts mit einbezieht. Der wunderschöne, freistehende Spieltisch ist gleichzeitig Gehäuse für das Glockenspiel. Nach Eingriffen von 1861 bis 1953/54 (die Substanz des Gabler-Werkes blieb dabei unangetastet) erfolgte von 1980 bis 1983 die erste gründliche Restaurierung durch die Fa. Kuhn/Männedorf. Heute zählt diese prachtvolle Orgel mit zu den künstlerischen Glanzlichtern in der Basilika zu Weingarten.

91 Käppele Würzburg
Auf dem Nikolausberg
D-97082 Würzburg

Kontakt: Robert Stahl, Münchener Str. 26, D-97204 Höchberg; Organist Johannes Grötzner, Käppele, D-97082 Würzburg
Öffnungszeiten: Winter 8-17 Uhr, Sommer 7-18 Uhr
Konzerte: Frühling bis Herbst
Eintritt: ja

Disposition:
2 Manuale und Pedal/32 Register
Hauptwerk/13 Register
Positiv/12 Register
Pedal/7 Register
Tonumfang Manuale C-f‴;
Pedal C-d′

Aus Kapellenrechnungen über die Besoldung eines Organisten geht hervor, daß seit 1696 eine Orgel im Käppele vorhanden war. 1698 lieferte der Würzburger Orgelbauer Samuel Will ein neues kleines Werk, vermutlich ein Positiv. Eine neue zweimanualige Orgel wurde in der Zeit nach 1753 von dem Orgelbauer Christian Koehler/Frankfurt/Main erstellt. Nach häufigen Reparaturen und Umbauten renovierte Balthasar Schlimbach 1861/62 das Instrument so gründlich, daß außer dem kostbaren Prospekt von der Koehler-Orgel fast nichts mehr übrig blieb. 1927 erfolgte ein Umbau von Georg Kirchner, der von Gutachtern als völlig mißglückt beurteilt wurde. Die Allgäuer Fa. Hindelang fertigte 1939 ein neues Werk kurz vor Ausbruch des Zweiten Weltkriegs, den die Orgel mit ihrem herrlichen Rokokogehäuse unbeschadet überstand. 1991 erfolgte ein Orgelneubau durch die Fa. Hans Georg Vleugels/Hardheim, die sich am ursprünglichen Werk Koehlers orientierte und somit die Harmonie von Instrument und Prospekt wiederherstellte.

(Farbige Abbildung siehe Seite 79)

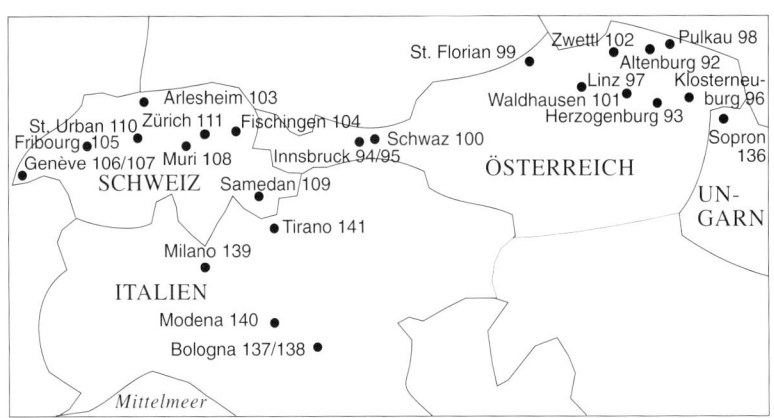

ÖSTERREICH

92 Stiftskirche Benediktinerabtei Altenburg A-3591 Altenburg 1

Telefon: 02982/3451
Kontakt: Stiftskapellmeister Peter Hrncirik
Öffnungszeiten: Ostern bis Allerheiligen täglich 9-17 Uhr, sonst nach Voranmeldung
Konzerte: unregelmäßig; regelmäßige Konzerte mit den Altenburger Sängerknaben

Disposition:
2 Manuale und Pedal/26 Register
Hauptwerk/12 Register
Positiv/8 Register
Pedal/6 Register

Die 1773 von Anton Pfliegler mit 26 Registern erbaute Orgel rief laut Berichten aus damaliger Zeit helle Bewunderung hervor. In den folgenden zwei Jahrhunderten wurde dieses Instrument oft repariert und verändert, indem man Pfeifen kürzte, um die Stimmung zu erhöhen, Register auswechselte und schließlich das Barockwerk romantisierte.
Während einer Renovierung 1951 wurde die Pfliegler-Disposition wiederhergestellt. Bei der 1977 erfolgten Restaurierung durch die Fa. Rie-

ger/Schwarzach stellte sich heraus, daß noch 40 Prozent der Pfliegler-Pfeifen vorhanden waren, die, verlängert und tiefer gesetzt, sich nun wieder auf ihrem alten Platz befinden. Statt der Oktave »1'« wurde als einziges neues Register die für Musik aller Stilepochen günstige Sesquialtera ins Positiv gegeben, und alle übrigen Register wurden in der Intonation verbessert. Das Werk ist heute (unter Vorbehalt) eine in seiner historischen Substanz zu 40 Prozent erhaltene Pfliegler-Orgel.

93 Stiftspfarrkirche Augustiner-Chorherrenstift A-3130 Herzogenburg

Telefon: 02782/3112
Kontakt: Stiftsorganist Otto Klimek, Kalkofengasse 7, A-3130 Herzogenburg; Tel.: 02782/4934
Öffnungszeiten: etwa 6.30 Uhr bis zum Einbruch der Dunkelheit
Konzerte: September/Oktober »Festival Musica sacra«
Eintritt: ja

Disposition:
3 Manuale und Pedal/40 Register
Hauptwerk/I. Manual/13 Register
Großpositiv/II. Manual/12 Register
Kleinpositiv/III. Manual/5 Register
Pedal/10 Register

Tonumfang Manuale: I. Manual C-g''' (56 Töne), II. und III. Manual C, D, E, F, G, A-c''' (45 Töne); Pedal C-f' (30 Töne) chromatisch, Klaviaturen für Erweiterung vorbereitet, daher 56 Tasten

Ein kunstgeschichtliches Glanzlicht in der Stiftspfarrkirche ist die 1752 von Johann Hencke erbaute Orgel. Der prachtvolle Orgelprospekt, zartgrün und gold gehalten, mit wundervollen Schnitzereien und Verzierungen, gehört zu den schönsten Österreichs. Leopold Breinbauer nahm 1894 eine gründliche Reparatur vor. 1964 erfolgte eine Teilrenovierung der Orgel (Hauptwerk und Pedal) durch Gerhard Hradetzky. Original erhalten sind noch Positiv und Kleinpositiv im Brüstungsgehäuse. Die historische Substanz des Instruments ist gut bis befriedigend.

Stiftspfarrkirche, Herzogenburg: Barockorgel, erbaut von Johann Henke im Jahre 1752 (93)

94 Hofkirche – Silberne Kapelle
Schloßverwaltung zu Innsbruck und Ambras
Rennweg 1
A-6020 Innsbruck

Telefon: 0512/587186
Kontakt: Prof. Karl Benesch, Betreuer der Renaissanceorgel, St. Nikolausgasse 24, A-6020 Innsbruck; Tel.: 0512/295778
Öffnungszeiten: Montag bis Samstag 9-17 Uhr, im Juli/August 9-17.30 Uhr
Konzerte: Juli/August Mittwoch 20 Uhr
Eintritt: nein

Disposition:

Prinzipal 8'	Oktave 1'
Oktava 4'	Flöte 2 2/3'
Oktave 2'	Diskant 8'
Quinte 1 1/3'	

Tonumfang: das Manual umfaßt 45 Töne von C-c''' mit kurzer Baßoktav, das angehängte Pedal nach altitalienischer Bauart hat 14 Töne von C-f', ebenfalls mit kurzer Oktav.

In der Silbernen Kapelle der Hofburg befindet sich die in der Zeit zwischen 1570 und 1590 erbaute, in einem schrankähnlichen Gehäuse untergebrachte Orgel eines unbekannten italienischen Meisters. Von 1990 bis 1992 wurde das Werk von Dr. Donati/Florenz restauriert, um den originalen Zustand weitgehend wiederherzustellen. Das Pfeifenwerk des Renaissancegehäuses ist größtenteils aus Zypressenholz gefertigt.

95 Hofkirche
Tiroler Volkskunstmuseum
Universitätsstraße 2
A-6020 Innsbruck

Telefon: 0512/584302
Fax: 0512/582628
Kontakt: Domorganist Reinhard Jaud

Renaissanceorgel von Jörg Ebert aus den Jahren 1955/60 in der Hofkirche, Innsbruck (95)

Die Prozessionsorgel (um 1660, Erbauer unbekannt) befindet sich in einem Orgelkasten aus Fichtenholz mit Ahorn- und Nußbaumeinlagen. Die Seitenwände sind mit Schallgittern, die beiden Türflügel mit Giebelumrahmung und eingelegten Arabesken versehen. Auch diese Orgel wurde von der Fa. Jürgen Ahrend restauriert und ist außergewöhnlich gut erhalten.

96 Stiftsbasilika
Stiftsplatz 1
A-3400 Klosterneuburg

*Kontakt:*siehe oben
Öffnungszeiten: Führungen: werktags 9, 10, 11, 13.30, 14.30, 15.30, 16.30 Uhr, sonn- und feiertags 13.30, 14.30, 15.30, 16.30 Uhr; größere Gruppen nach Bedarf
Konzerte: Herbst/Oktober
Eintritt: ja

Öffnungszeiten: Sonn- und Feiertage ganztägig, Montag bis Freitag 9-17 Uhr, im Juli/August 9-17.30 Uhr
Konzerte: 14tägig im Sommer
Eintritt: unterschiedlich

Dispositionen:
Orgel im Presbyterium:
2 Manuale und Pedal (Hauptwerk und Rückpositiv); die Register des Pedals werden dem Hauptwerk entnommen

Prozessionsorgel/Lettner:
1 Manual
Tonumfang: C, D, E, F, G-c‴

Die ausdrucksvolle Renaissanceorgel im Presbyterium der Hofkirche wurde laut Signatur am Klaviaturrahmen von 1555 bis 1560 von Jörg Ebert/Ravensburg erbaut. Sie wurde von der Fa. Jürgen Ahrend/Leer-Loga restauriert und in den Originalzustand gebracht. Die historische Substanz ist hervorragend. Seit 1976 wird sie wieder öffentlich bespielt.

Festorgel in der Stiftsbasilika, Klosterneuburg, 1636/42 von Johannes Freundt erbaut und in originaler Substanz weitgehend erhalten (96)

Disposition:
3 Manuale und Pedal/35 Register
Hauptwerk/14 Register
Rückpositiv/8 Register
Brustwerk/4 Register
Pedal/9 Register
Tonumfang Manuale C-c‴;
Pedal C-b′

Aus zwei schon in der Kirche vorhandenen Orgeln baute Johannes Freundt/Passau von 1636 bis 1642 die heutige Festorgel der Stiftsbasilika, die er als solistisches Instrument konzipierte, da für Begleitung eine Chororgel zur Verfügung stand. In den letzten Jahrhunderten erfolgten keine gravierenden Eingriffe oder Veränderungen, so daß dieser Klangkörper heute ein außergewöhnliches Werk des 17. Jahrhunderts darstellt und in seiner originalen Substanz weitgehend erhalten ist. Die Disposition zeigt Merkmale der Renaissance und des Barock, die Stimmung ist mitteltönig. Die Werke des 16. und 17. Jahrhunderts lassen sich unvergleichlich gut auf diesem Instrument interpretieren.
In den Jahren 1983 bis 1985 nahm die Fa. Kuhn/Schweiz eine Restaurierung vor. Eine weitere Instandsetzung folgte 1990, so daß die Festorgel dank ihres hervorragenden Klanges heute zu den bedeutendsten europäischen Denkmalorgeln zählt.

97 **Ignatiuskirche (Alter Dom)**
Domgasse 3
A- 4010 Linz

Kontakt: Organist August Humer, Brucknerkonservatorium, Wildberstraße 18, A-4040 Linz; Tel.: 0732/231306
Öffnungszeiten: 7-12 Uhr und 15-20 Uhr
Konzerte: Juli/August
Eintritt: ÖS 50,-/25,-

Disposition:
3 Manuale und Pedal/32 Register
Hauptwerk/10 Register
Mittelmanual/10 Register
Oberwerk/7 Register
Pedal/5 Register

1790 ließ Franz Xaver Chrismann die von ihm um 1770 für die Stiftskirche Engelszell erbaute Orgel in den Linzer Dom überführen. Das Werk erhielt ein neues Gehäuse, das klangliche Konzept wurde verändert. Als Anton Bruckner 1855 als Organist an den Linzer Dom berufen wurde, drängte er auf einen Umbau der Orgel. Dieser sogenannte Umbau führte unter Josef Breinbauer zu einem Neubau des Instruments im vorhandenen Gehäuse und wurde 1867 abgeschlossen. Das neue Werk entsprach den Vorstellungen Bruckners, und nach seiner Berufung nach Wien kehrte er immer wieder gern zu dieser Orgel zurück. Unsachgemäße und störende Veränderungen in der Folgezeit machten eine gründliche Restaurierung notwendig, die 1979/80 durch die Fa. Rieger-Orgelbau/Schwarzach Vorarlberg erfolgte, indem das Instrument auf die Konzeption Breinbauers und Bruckners zurückgeführt wurde, um die Weltgeltung des Namens »Bruckner« in Verbindung mit dieser Orgel zu erhalten.

Ignatiuskirche, Linz: 1770 von Franz Xaver Chrismann erstellte Orgel, von Anton Bruckner und Josef Breinbauer bis 1867 umgebaut (97)

Von M. Jeßwagner im Jahre 1762 erbaute Orgel mit weitgehend erhaltener historischer Substanz in der Pfarrkirche St. Michael, Pulkau (98)

98 Pfarrkirche St. Michael
A-3741 Pulkau

Kontakt: Kurt Kren, Hauptplatz 1, A-3741 Pulkau; Tel.: 02946/2219; Fax: 02946/2804
Öffnungszeiten: nur über Führungen; Info: Fremdenverkehrsverein der Stadtgemeinde Pulkau, Tel.: 02946/2276
Konzerte: Ostern, Pfingsten, Pfarrpatroziniumsfest St. Michael
Eintritt: Spenden zur Erhaltung der Orgel

Disposition:
2 Manuale und »kurzes« Pedal/22 Register
Hauptwerk/I. Manual/10 Register
Positiv/II. Manual/7 Register
Pedal/5 Register

Von den vier nachgewiesenen Werken des Wiener Meisters Matthäus Jeßwagner ist eine die 1762 von ihm geschaffene Orgel in St. Michael. Sie befindet sich auf der Empore des Patronatsoratoriums aus dem 12. Jahrhundert. Orgelwerk und Brüstung sind spätbarock. Das Gehäuse aus dunkelbraun lasiertem Holz ist mit wunderschönem Rocaillendekor und vergoldeten Schleierbrettern versehen.
Die Oberösterreichische Orgelbauanstalt St. Florian restaurierte das Werk 1974/75, indem sie lediglich Registerrekonstruktionen vornahm. Die weitgehend erhaltene historische Substanz der Orgel wurde durch einige wenige Änderungen nicht wesentlich beeinträchtigt. Gleichwohl gibt es seit Jahren Bemühungen um eine Neurenovierung des Werkes.

99 Stiftskirche
Stiftstraße 1
A-4490 St. Florian

Telefon: 07224/8977
Kontakt: Stiftsorganist Prof. Augustinus Franz Kropfreiter oder Stiftspfarrer Rupert Baumgartner
Öffnungszeiten: 7-19 Uhr
Konzerte: nach Abschluß der Kirchen- und Orgelrestaurierung 1996
Eintritt: freiwillige Spenden

Disposition:
wegen Renovierung keine Angaben

Franz Xaver Chrismann, nach Reisen in Italien vom dortigen Orgelbau inspiriert, schuf von 1770 bis 1774 in St. Florian die bedeutendste Orgel Österreichs. Das ursprünglich zweimanualig geplante Werk wurde während der Bauzeit auf drei Manuale und Pedal mit 74 Registern erweitert und mit einem provisorischen Windwerk fertiggestellt. 1839 überholte Matthias Höfer das Instrument und verbesserte das Windsystem, um damit das Werk endgültig zu vollenden. Die Orgel hatte 74 Stimmen, die durch Zusammenziehung mehrerer Stimmen auf einen gemeinsamen Zug von 52 Registerzügen zum Erklingen gebracht wurden.

Unter Leitung und nach Plänen Anton Bruckners nahm Matthäus Mauracher 1873 einen Umbau vor. Dabei bewahrte man einen Großteil der Chrismann-Register, aber durch Austausch und Wegnahme von Pfeifen ging dem Instrument die gewisse italienische Chrakteristik verloren. Nach einer nochmaligen Veränderung 1931 erfolgte 1951 eine Restaurierung durch Wilhelm Zika mit Rückführung auf die Chrismann-Disposition und dem Einbau eines zusätzlichen vierten Manuals.

Das Werk hat heute 103 klingende Stimmen und 7343 Pfeifen. Der Sarkophag Anton Bruckners steht unter dieser herrlichen Orgel auf einem Sandsteinsockel.

Zur Zeit sind einige Register ausgebaut, da das Werk von der Fa. Helmut Kögler generalüberholt wird.

(Farbige Abbildung siehe Seite 79)

100 Pfarrkirche »Maria Himmelfahrt« Pfarramt Schwaz Tannenberggasse A-6130 Schwaz

Kontakt: Herbert Förg-Rob, Leiter der Abendmusik, Wintersteller-gasse 31, A-6130 Schwaz
Öffnungszeiten: täglich 7-20 Uhr
Konzerte: Juli/August: Montag 20.15 Uhr
Eintritt: ja

Disposition:
4 Manuale und Pedal/44 Register
I. Manual/10 Register
II. Manual/11 Register
III. Manual/8 Register
IV. Manual/6 Register
Pedal/9 Register

In der 1502 eingeweihten Liebfrauenkirche, einzige vierschiffige Hallenkirche Mitteleuropas, befindet sich die viermanualige Orgel, die in den Jahren 1724 bis 1735 vom Franziskaner Gaudenz Köck aufgestellt

wurde. Nach einer Erweiterung 1896 durch die Fa. Reinisch/Steinach am Brenner, erfolgte 1969 der letzte Umbau durch die Fa. Pirchner-Reinisch.

Die Abendkonzerte mit international bekannten Organisten erfreuen sich großer Beliebtheit, da sie die ganze Palette der Orgelliteratur bis hin zur Musik dieses Jahrhunderts bieten.

101 Stiftskirche Pfarramt A-4391 Waldhausen im Strudengau

Telefon: 07418/251
Kontakt: Pfarrer Karl Wögerer
Öffnungszeiten: täglich
Konzerte: 15. August und 8. Dezember; Mai bis September Orgel-, Trompeten-, Instrumental- und Vokalkonzerte

Stiftskirche Waldhausen: Orgel bestehend aus drei Gehäuseteilen im hochbarocken Stil aus dem Jahre 1677 und einem klassizistischen Positivgehäuse von 1803 (101)

Zisterzienserstift Zwettl: Egedacher-Orgel von 1728/31 in dreigliedrig gestaltetem Barockprospekt von Matthias Götz aus dem Jahre 1731 (102)

Disposition:
2 Manuale und Pedal
Oberwerk/unteres Manual/Prinzipalpleno (Blockwerk) auf 8′
Positiv/oberes Manual/10 Register
Pedal/5 Register
Tonumfang Manuale C-d‴;
Pedal C-d′

Als Abschluß der von Propst Laurentius Voß zwischen 1665 und 1680 geschaffenen Innenausstattung der ehemaligen Augustinerchorherrenstiftskirche wurde vermutlich die Orgel, deren Gehäuse die Jahreszahl 1677 trägt, errichtet. Erbauer von Werk und Gehäuse sind unbekannt. Die Orgel wurde 1803 von Nikolaus Rummel d. J. wieder mit einem Spielwerk versehen, das – von einigen Veränderungen abgesehen – bis heute original erhalten blieb.
Nach unsachgemäßen Eingriffen und Verfall der Orgel erfolgte 1956 eine Generalrestaurierung mit Erweiterungen und dem Einbau eines Plenowerks, um einen dem Kirchenraum angemessenen, strahlenden Prinzipalklang zu erzielen. Der optische Erfolg dieser Restaurierung zeigt sich an dem außergewöhnlichen Prospekt, bestehend aus drei Gehäuseteilen in hochbarockem Stil von 1677, denen ein klassizistisches Positivgehäuse (1803) vorgelagert ist. Diese für Österreich ungewöhnliche Anordnung, die eher skandinavischem und norddeutschem Gehäusebaustil entspricht, verleiht dem Prospekt einen besonderen Charme, der durch die in Temperaschwarz und Gold gehaltene Farbgebung des Orgelgehäuses im lichten Kirchenraum noch unterstrichen wird.

102 Zisterzienserstift
A-3910 Stift Zwettl 1

Telefon: 02822/550/20
Fax: 02822/550/50
Kontakt: Mag. P. Maximilian Krausgruber oder Andrea Weisgrab; Tel.: 02822/54275
Öffnungszeiten: unterschiedlich
Konzerte: Mitte Juni bis Mitte Juli; Jahresprogramm
Eintritt: ja

Disposition:
3 Manuale und Pedal/35 Register
Hauptwerk/I. Manual/11 Register
Positiv/II. Manual/6 Register
Drittes Klavier/III. Manual/4 Diskantregister/4 Baßregister
Pedal/10 Register
Tonumfang Manuale C-c‴ mit gebrochener Oktave (47 Töne); Pedal C-g° mit gebrochener Baßoktave (18 Töne)

Die große Orgel auf der Westempore ist ein besonderes Juwel der Stiftskirche. Johann Ignaz Egedacher/Passau baute das Instrument von 1728 bis 1731 in das von Josef Matthias Götz geschaffene Gehäuse ein. Die Egedacher-Orgel gehörte zu den größten und kostspieligsten Orgelprojekten Wiens und Niederösterreichs, die im 18. Jahrhundert realisiert wurden. 1752 nahm Ignaz Gatto/Krems eine Herabstimmung des Werkes um einen Halbton vor. Durch Josef Breinbauer/Ottensheim erfolgte 1880 eine Dispositions- und Intonationsänderung, um dem neuen romantischen Klangideal gerecht zu werden.

Nach Eingriffen 1912 und dem Neubau eines Instruments 1941 wurde die Egedacher-Orgel durch Gerhard Hradetzky/Oberbergern bei Krems auf ihren ursprünglichen Zustand zurückgeführt und 1991 durch Jürgen Ahrend/Leer-Loga technisch und klanglich überarbeitet. Die Egedacher-Orgel im prachtvollen, dreigliedrig gestalteten Barockprospekt ist eine Denkmalorgel und ein Glanzpunkt der österreichischen Orgelbaugeschichte.

Dom zu Arlesheim: Letzte in der Schweiz noch erhaltene Silbermann-Orgel, erbaut 1759/61 (103)

SCHWEIZ
(Karte s. S. 91)

103 Dom
CH-4144 Arlesheim

Kontakt: Peter Koller,
Gartenweg 18, CH-4144 Arlesheim
Öffnungszeiten: 8-20 Uhr
Konzerte: unregelmäßig im Sommerhalbjahr, verteilt auf vier bis acht Abende (meist sonntags)
Eintritt: ja

Disposition:
3 Manuale und Pedal/37 Register
Hauptwerk/13 Register
Rückpositiv/9 Register
Echo/7 Register
Pedal/8 Register
Tonumfang Manuale C-c''' (Hauptwerk C-e'''); Pedal C-d'

Die in den Jahren 1759 bis 1761 von Johann Andreas Silbermann erbaute Orgel wurde von 1959 bis 1962 durch die Fa. Metzler/Dietikon restauriert. Den noch erhaltenen 19 Stimmen Silbermanns fügte man teils solche aus anderen historischen Orgeln, teils rekonstruierte und neue Register hinzu. In dem herrlichen historischen Prospekt befinden sich noch etwa zwei Drittel der Originalpfeifen, während Traktur und Windversorgung modern konzipiert sind. Die Orgel zu Arlesheim ist als letzte in der Schweiz noch erhaltene Silbermann-Orgel von hoher kulturhistorischer Bedeutung.

104 Pfarr- und Klosterkirche
Kath. Pfarramt
CH-8376 Fischingen

Telefon: 073/411374
Kontakt: Pfarrer P. Meinrad Loser oder Sakristanin Frieda Amrhein; Tel.: 073/411267
Öffnungszeiten: 9.45-11.45 Uhr und 14-17 Uhr
Konzerte: August: Sonntag 16 Uhr
Eintritt: freiwillige Kollekte

Disposition:
2 Manuale und Pedal/33 Register
I. Manual/13 Register
II. Manual/10 Register
Pedal/10 Register
Tonumfang Manuale C-g‴;
Pedal C-f′

Die ältesten Teile der großen Orgel im Psallierchor stammen aus dem Jahr 1611, als Abt Matthias Stähelin zur Zeit der Pest eine Orgel errichten ließ. Matthäus Abbrederis aus Rankweil nahm 1690 eine Erweiterung des Werkes vor, der von 1741 bis 1743 eine zweite Vergrößerung durch Jakob Bommer/Weingarten folgte. 1763 schuf der Überlinger Meister Johann Georg Aichgasser im neu errichteten Oberen Chor eine neue große Orgel und verwendete dabei Pfeifenmaterial aus dem Vorgängerwerk.

Die Fa. Metzler/Dietikon restaurierte die Orgel von 1956 bis 1958 im Sinne ihrer ursprünglichen Disposition, so daß der Klangreichtum des Instruments wieder voll zur Geltung kommt. Beeindruckend ist die prachtvolle, dreiteilige Barockfassade mit der lachsrot und graublau gehaltenen Marmorierung des Sokkels sowie den herrlichen Rokoko-Schnitzereien über dem oberen Rahmen.

105 Cathédrale St. Nicolas
Quartier du Bourg
CH-1700 Fribourg

Kontakt: Organist François Seydoux, Grande Rue 18, CH-1700 Fribourg; Tel.: 037/231349
Öffnungszeiten: werktags 6.30-19 Uhr, sonntags 9-20.30 Uhr
Konzerte: September bis November: vier bis sechs Konzerte mittwochs oder donnerstags; weitere Konzerte zwischen Weihnachten und Heilige Drei Könige und in der Fastenzeit (um Palmsonntag)
Eintritt: unterschiedlich

Pfarr- und Klosterkirche, Fischingen:
Von Johann Georg Aichgasser 1763 erbaute Orgel,
die auf einem Instrument von 1611 basiert (104)

Disposition:
4 Manuale und Pedal/61 Register
Kleines Positiv/I. Manual/12 Register
Hauptwerk/II. Manual/16 Register
Großes Positiv/III. Manual/14 Register
Echo/IV. Manual/8 Register
Pedal/11 Register
Tonumfang Manuale C-f′′′;
Pedal C-f′

Aloys Mooser/Freiburg im Uechtland, der auch im Atelier der Silbermann-Söhne in Straßburg arbeitete, erbaute von 1824 bis 1834 die große Orgel in St. Nicolas. Von 1852 bis 1968 erfolgten vielfache Umbauten und Änderungen, bis 1974 die Fa. Neidhart & Lhôte/Saint Martin NE mit umfangreichen Restaurierungsarbeiten begann, die erst 1982 abgeschlossen wurden. Das Instrument wurde rekonstruiert und erhielt seine ursprüngliche Disposition von 1834 zurück. Der Organist und Musikwissenschaftler François Seydoux stellte seine Forschungsarbeiten über den Erbauer Aloys Mooser zur Verfügung und verhalf so dessen großartigem Instrument im herrlichen neugotischen Prospekt wieder zu neuer klanglicher Aussage.

106 Cathédrale Saint-Pierre
Paroisse de Saint-Pierre-Fusterie
24 place du Bourg-de-Four
CH-1204 Genève

Telefon: 022/3103786
Kontakt: Organisten François Delor und Thilo Muster
Öffnungszeiten: saisonal verschieden, zumeist jedoch 9-12 Uhr und 14-18 Uhr
Konzerte: Juni bis September: »Stunde der Orgel«, Samstag 18 Uhr; spezielle Konzerte
Eintritt: frei

Disposition:
Hauptorgel auf der Tribüne:
4 Manuale und Pedal/67 Register
Positiv/I. Manual/11 Register
Hauptwerk/II. Manual/15 Register
Solowerk (Récit) III. Manual/17 Register
Echowerk/IV. Manual/9 Register
Pedal/15 Register

Orgel der Cathédrale St. Nicolas, Fribourg, erbaut 1824/34 von Aloys Mooser (105)

Bereits im Mittelalter existierte eine Orgel, die 1562 zerstört wurde. Ihr folgte ein von Samson Scherrer 1757 erbautes viermanualiges Werk im Stil des »classic français« nach, an dem 1767 und 1823 Erweiterungen vorgenommen wurden. Eine 1866 von Merklin und Schütze im typischen Stil der zweiten Hälfte des 19. Jahrhunderts erbaute Orgel war im Vergleich zur klassischen oder barocken Orgel als symphonisches Instrument konzipiert. 1907 schuf B. Tschanun ein neues dreimanualiges Instrument in einem eleganten, mit filigran gestalteten Bekrönungen der Pfeifentürme versehenen Gehäuse.

Die heutige, 1965 von der Fa. Metzler & Söhne erbaute Orgel ist eine Komposition aus Schönheit, Anmut und graziler Leichtigkeit des Gehäuses; das Instrument verfügt über eine außerordentlich strahlende Klangkraft. Das Orgelwerk fügt sich harmonisch in das mächtige Gewölbe des Kirchenschiffs.

Ein weiteres Instrument, ein Werk Xavier Silbermanns, einmanualig mit 11 Stimmen, wurde 1972 als Chororgel in Saint-Pierre aufgestellt und im Januar 1973 eingeweiht.

In der Makkabäerkapelle befindet sich als Beispiel der Orgelbaukunst des ausgehenden 20. Jahrhunderts ein 1988 von der Fa. F. C. Walcker/ Ludwigsburg erbautes zweimanualiges Instrument mit Pedal und 10 Stimmen in einem wunderschönen Gehäuse neogotischen Stils.

(Farbige Abbildung siehe Seite 80)

107   Temple de la Fusterie
Paroisse protestante de Saint-Pierre-Fusterie
24 Bourg-de-Four
CH-1204 Genève

Telefon: 022/3103786
Kontakt: Organisten François Delor und Thilo Muster
Öffnungszeiten: auf telefonische Anfrage
Konzerte: Februar bis Mai und Oktober bis Dezember: »Stunde der Orgelmusik«, Samstag 17 Uhr
Eintritt: frei

Disposition:
3 Manuale und Pedal/35 Register
Positiv/I. Manual/9 Register
Hauptwerk/II. Manual/11 Register
Solowerk (Récit) III. Manual/7 Register
Pedal/8 Register

Über die erste, von Samson Scherrer 1763 erbaute Orgel, existieren keine Angaben hinsichtlich der Anzahl von Manualen und Registern. Das zweite, 1835 von Sylvestre Walpen geschaffene Werk, besaß zwei Manuale mit 17 Stimmen. Ein drittes Instrument erbaute 1895 Th. Kuhn, welches B. Tschanun 1910 auf drei

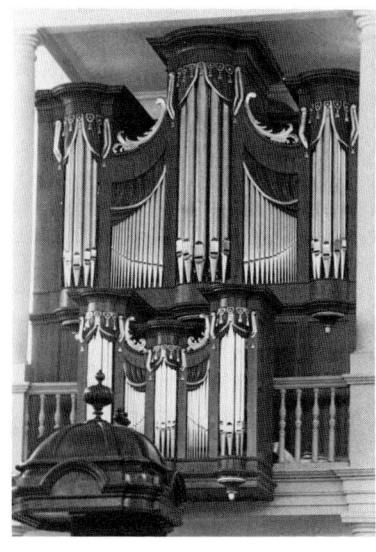

Orgel in dem Temple de la Fusterie, Genf: Gehäuse von Sylvestre Walpen (1835), Werk von Pascal Quoirin (1979) (107)

Manuale mit 20 Stimmen erweiterte. Die jetzige vierte Orgel wurde von 1975 bis 1979 durch Pascal Quoirin erstellt. Ihr Klangbild ist von den Instrumenten des französischen Barock inspiriert. Das Gehäuse ist im Zustand von 1835 (Sylvestre Walpen) erhalten, nur das Positiv wurde neu errichtet.

108   Klosterkirche
Hospiz der Klosterkirche
Postfach
CH-5630 Muri

Telefon: 057/441213
Kontakt: Sekretariat der Pfarrei Muri, Kirchbühlstr. 10, CH-5630 Muri; Tel.: 057/441142; Organist Egon Schwarb, Im Haberacher 19, CH-5406 Baden-Rütihof; Tel.: 056/832613
Öffnungszeiten: 9.30-11.30 Uhr und 13.30-18.30 Uhr; Spieldauer für Besucher: 1 Stunde
Konzerte: Mai bis Oktober; Sonntag 16.30 Uhr
Eintritt: freier Eintritt, Kollekte; feste Eintrittspreise für Abendkonzerte, siehe Jahresprogramm

Disposition:
Hauptorgel:
2 Manuale und Pedal/34 Register
Hauptwerk/14 Register
Rückpositiv/14 Register
Pedal/6 Register
Tonumfang Manuale C-f''';
Pedal C-f'

Die 1619 bis 1630 von Thomas Schott erbaute Hauptorgel wurde 1744 von Viktor Ferdinand Bossart erweitert. Die Orgel erfuhr im Laufe seiner Geschichte zahlreiche Umbauten, Erweiterungen und Reparaturen. Von 1966 bis 1971 wurde sie durch die Restauratoren Metzler, Edskes und Brühlmann gründlich überholt.
Außer dieser Hauptorgel befinden sich zwei Lettnerorgeln von modifi-

zierter Mitteltönigkeit in der Klosterkirche. Die Evangelienorgel, erbaut von 1660 bis 1665 durch Pater Johann Jodocus Schnyder, restauriert 1961/62, ist einmanualig mit sieben Manualstimmen und einem Pedal-Subbaß. Die Epistelorgel, 1697 errichtet von Melchior von Zuben, renoviert 1743/44, ist ebenfalls einmanualig mit 13 Registern und drei Pedalstimmen. Diese drei Orgeln werden ergänzt von einem Chororgelpositiv und einem Regalportativ, so daß sich ein Ensemble aus fünf Orgeln in der Klosterkirche befindet.

109   Dorfkirche St. Antonio
Samedan Plaz
CH-7503 Samedan

Kontakt: Ref. Pfarramt, CH-7503 Samedan; Tel.: 082/65444
Öffnungszeiten: während der Gottesdienste
Konzerte: unregelmäßig Konzerte mit freiem Eintritt und Kollekte

Disposition:
2 Manuale und Pedal/17 Register
I. Manual/8 Register
II. Manual/5 Register
Pedal/4 Register

1772 wurde die Orgel in dem außergewöhnlichen Gehäuse in italienischem Stil von einem Gönner gestiftet. Am Anfang des Jahrhunderts wurde das Werk pneumatisiert und mit neuen Registern und einem seitlich angebrachten Spieltisch ausgestattet.
1969 konstruierte die Fa. Th. Kuhn/Männedorf ein neues Instrument und setzte den Spieltisch wieder an seinen ursprünglichen Platz. Dem Gehäuse entsprechend ist das I. Manual italienisch konzipiert, unter anderem mit einem glänzenden, in mehrere Registerzüge aufgeteilten Ripieno.

110 Klosterkirche
CH-4915 St. Urban

Kontakt: Verwaltung ehemaliges Kloster St. Urban, Verwaltungsdirektion, CH-4915 St. Urban
Öffnungszeiten: Sommer: Montag bis Samstag 9-18 Uhr, Sonntag 11-18 Uhr; Winter: Montag bis Samstag 9-16.30 Uhr, Sonntag 11-16.30 Uhr
Konzerte: Frühjahr und Herbst
Eintritt: ja

Disposition:
3 Manuale und Pedal/40 Register
Hauptwerk/19 Register
Oberwerk/8 Register
Brustwerk/5 Register
Pedal/8 Register
Tonumfang Manuale C, D, E, F, G, A, B, H, c-c′′′; Pedal C, D, E, F, G, A, B, H, c-a

Die größte, bis heute weitgehend erhaltene Barockorgel der Schweiz erbaute von 1716 bis 1721 Josef Bossard/Baar ZG. Das Instrument ist von wundervoll barocker Klangfülle und Vielfalt der Register. Der Prospekt ist architektonisch eine der am schönsten gestalteten Arbeiten alter schweizerischer Orgelbaukunst. Trotz mehrfacher Änderungen und Modernisierungen blieb ursprüngliches Material zum größten Teil erhalten, so daß nach einer Restaurierung von 1991 bis 1993 durch die Fa. Th. Kuhn das Orgelwerk von St. Urban wieder dem Erscheinungsbild und den klanglichen Vorstellungen des 18. Jahrhunderts entspricht.

Die größte und weitgehend erhaltene Barockorgel der Schweiz wurde 1716/21 von Josef Bossard in der Klosterkirche zu St. Urban erbaut (110)

111 Großmünster
CH-8001 Zürich

Telefon: 01/2525949
Kontakt: Organist Rudolf Scheidegger, Kirchgasse 15, CH-8001 Zürich
Öffnungszeiten: Sommer 9-18 Uhr, Winter 10-16 Uhr
Konzerte: drei Zyklen: Advent/Weihnachten, Passion/Ostern, Sommerferien
Eintritt: ja

Disposition:
4 Manuale und Pedal/67 Register
Chorpositiv/I. Manual/9 Register
Hauptwerk/II. Manual/15 Register
Oberwerk/III. Manual/16 Register
Schwellpositiv/IV. Manual/10 Register
Pedal/17 Register

Victor Schlatter, Großmünsterorganist von 1926 bis 1970, war der Initiator der 1956 beginnenden Planung eines Orgelneubaus. Er ließ sich unter anderem von Paul Gerhard Andersen aus Kopenhagen beraten, dessen nach seinen Ideen gebaute Orgelwerke in Dänemark und anderen Ländern einen hervorragenden Ruf genießen. Die Fa. Metzler & Söhne/Dietikon vollendete 1960 den Orgelneubau, der ein einzigartig gelungenes Werk dieses Jahrhunderts darstellt.

Die akustischen Bedingungen des Kirchenraums wurden berücksichtigt und die Mensurierung des Pfeifenwerks sowie die Intonation auf diesen abgestimmt. Die gesamte Prospektfront ist mit Kupferpfeifen ausgestattet, die als Farbkontrast zu den hellen Sandsteinmauern der Kirche einen außergewöhnlichen optischen Reiz darstellen. Das schwer zu bearbeitende Kupfer verleiht den Prinzipalstimmen einen besonders samtenen Klang nach altitalienischem Vorbild.

(Farbige Abbildung siehe Seite 81)

NORWEGEN

112 Kongsberg Kirke
Kirketorget 2
N-3600 Kongsberg

Telefon: 032/866591
Fax: 032/866038
Kontakt: Reidar Hauge, Adresse und Telefon siehe oben
Öffnungszeiten: 10-16 Uhr
*Konzerte:*Juli: Dienstag bis Freitag; übers Jahr verteilt weitere 30 Konzerte
Eintritt: für die Julikonzerte

Diese Barockorgel im hohen Norden wurde von einem aus der Schule Arp Schnitgers hervorgegangenem Deutschen, von Heinrich Gloger in den Jahren 1761 bis 1765 dreimanualig mit Pedal und 42 Stimmen geschaffen. Unüblich, aber von originellem Reiz, ist die Plazierung des Instruments über der Kanzel. Die letzte Renovierung und Rekonstruktion fand 1932 durch Jørgensen/Oslo statt, wobei das Instrument auf 58 Register erweitert wurde. Nach über 60 Jahren bedarf die Orgel dringend einer Überholung und Restaurierung, um ihren Ruf als eine der größten der in Nordeuropa so seltenen Barockorgeln zu erhalten.

113 Nidaros Kathedrale
Bispegt 5
N-7013 Trondheim

Telefon: 073/501212
Fax: 073/518852
Kontakt: Domorganist Per Fridtjov Bonsaksen, Adresse und Telefon siehe oben
Öffnungszeiten: 1. 5. bis 19. 6. und 22. 8. bis 14. 9.: Montag bis Freitag 9-15 Uhr, Samstag 9-14 Uhr und Sonn- und Feiertag 13-16 Uhr; 20. 6. bis 21. 8.: Montag bis Freitag 9-17.30 Uhr, Samstag 9-14 Uhr und Sonn- und Feiertag 13-16 Uhr; 15. 9. bis 30. 4.: Montag bis Freitag 12-14.30 Uhr, Samstag 11.30-14 Uhr und Sonn- und Feiertag 13-15 Uhr; Führungen auf deutsch vom 18. 6. bis 21. 8. Montag bis Freitag 11, 14 und 16 Uhr
Konzerte: jeden Samstag 13 Uhr;

vom 18. Juni bis 21. August auch Montag bis Freitag 13 Uhr
Eintritt: Erwachsene NOK 10,-; Kinder, Studenten und Rentner NOK 5,-

Für den Nidarosdom (Krönungskirche Norwegens) erbaute der berühmte deutsche Orgelbauer Joachim Wagner von 1739 bis 1741 eine herrliche Barockorgel in Bachscher Tradition mit zwei Manualen, einem Pedal und 30 Stimmen. Leider mußte dieses Werk einer von der deutschen Fa. Steinmeyer 1930 errichteten romantischen Orgel weichen und wurde seither in der Kirche gelagert.
Die historische Orgel wurde 1993/94 von dem bekannten Spezialisten für Orgelrestaurierung Jürgen Ahrend in Leer-Loga rekonstruiert und ist

Nidaros Kathedrale, Trondheim:
Werk der Fa. Steinmeyer & Co. von 1930 in einem Prospekt
der ehemaligen Wagner-Orgel von 1739/41 (113)

ab Herbst 1994 wieder im nördlichen Querschiff der Kirche installiert. Auch die jetzt als Hauptorgel fungierende romantische Steinmeyer-Orgel bedarf einer baldigen Renovierung. Sie ist viermanualig mit Pedal und hatte ursprünglich 127 Register. Ein Teil der Orgel ist als Chororgel aufgestellt.

SCHWEDEN
(Karte siehe Seite 104)

114 Trefaldighetskyrkan (Dreifaltigkeitskirche) S-29131 Kristianstad

Telefon: 044/126060
Fax: 044/117687
Kontakt: Organist Torbjörn Gustavsson, Dobelnsgatan 10, S-29131 Kristianstad; Tel.: 044/101813
Öffnungszeiten: 8-17 Uhr
Konzerte: ca. 25 Konzerte übers Jahr verteilt, davon Oratoriumskonzerte mit Eintritt, sonstige Konzerte frei

Trefaldighetskyrkan, Kristianstad: Das Instrument der Fa. Th. Frobenius & Co. befindet sich in einem Prospekt, der 1630 von Caspar Höffer erstellt wurde (114)

Disposition:
4 Manuale und Pedal/47 Register
Rückpositiv/I. Manual/8 Register
Hauptwerk/II. Manual/9 Register
Schwellwerk/III. Manual/12 Register
Brustwerk/IV. Manual/6 Register
Pedal/12 Register

Der dänische König Christian IV. gab 1619 bei dem berühmten Orgelbauer Johan Lorentz eine Orgel in Auftrag, die 1631 fertiggestellt wurde. Der dänische Zimmermann Caspar Höffer schuf den prächtigen Barockprospekt mit der kunstvoll geschnitzten Ornamentik der neun Musen, König Davids mit den Engeln und dem dänischen Wappenschild in der Mitte des Gehäuses, welches zweifelsohne zu den beeindruckendsten in ganz Schweden zählt. Die Orgel wurde über die Jahrhunderte hinweg einige Male re-

noviert und umgebaut. 1961 baute die Fa. Th. Frobenius ein neues, das jetzige Instrument, für das jedoch der Prospekt und die Frontpfeifen Principal 16' und Principal 8' der alten Orgel restauriert und somit in der historischen Substanz erhalten wurden.

115 St. Matteus Kyrka Box 3039 S-60003 Norrköping

Telefon: 011/157600
Fax: 011/157601
Kontakt: Organist Olle Elgenmark, Brädgatan 57 B, S-60220 Norrköping; Tel.: 011/187861
Öffnungszeiten: Juni bis August 10-14 Uhr
Konzerte: Mittwoch 19.30 Uhr
Eintritt: frei

Disposition:
3 Manuale und Pedal/59 Register
Hauptwerk/I. Manual/12 Register
Schwellwerk/II. Manual/14 Register
Schwellwerk/III. Manual/17 Register
Pedal/16 Register

Åkerman & Lund erbauten 1892 eine zweimanualige Orgel mit 30 Registern, die von derselben Firma 1936 auf drei Manuale mit 43 Stimmen erweitert sowie 1947 und 1957 renoviert wurde. Nils Eriksson fügte in den Jahren 1958 bis 1963 anläßlich einer Erneuerung des Instruments weitere Register hinzu. Von 1990 bis 1992 erfolgten technische Ergänzungen und eine Modernisierung des Werkes durch die Fa. Kenneth James & Son. In der jetzigen Orgel sind noch 24 Stimmen von 1892 erhalten. Der schöne neogotische Prospekt ist in 14 harmonisch gegliederte Pfeifenfelder aufgeteilt.

St. Matteus Kyrka, Norrköping: 1892 von der Fa. Åkerman & Lund erbaute Orgel mit Erweiterungen in neogotischem Prospekt (115)

116 Lövstabruk Kyrka
Uppland
Pastorsexpeditionen
S-81065 Skärplinge

Telefon: 0294/10305
Kontakt: Organistin Birgitta Olsson, Äkerby, S-81065 Skärplinge; Tel.: 0294/21023; Dr. Göran Blomberg, Blodstensv 22, S-75244 Uppsala; Tel.: 018/511611
Öffnungszeiten: im Sommer täglich, sonst nach Vereinbarung
Konzerte: drei bis vier Wochen im Juli: Sonntag bis Donnerstag nachmittags »Vorführung der Orgel und kleine Orgelmusik«; zweites Wochenende im August: »Cahmantage«
Eintritt: unterschiedlich

Disposition:
2 Manuale und Pedal/28 Register
Hauptwerk/I. Manual/10 Register
Rückpositiv/II. Manual/8 Register
Pedal/10 Register
Tonumfang Manuale C-c′′′;
Pedal C-d′

Johann Niclas Cahman aus Stockholm (Sohn des deutschstämmigen Orgelbauers Hans Heinrich Cahman) erbaute die Barockorgel von 1726 bis 1728 in der nordischen Tradition mit den in verschiedenen Gehäuseteilen untergebrachten Werken. Anmutig fügt sich der zartgrün, weiß und goldfarben gehaltene dreiteilige Prospekt in die farblich abgestimmte Brüstung der sonst sehr schlicht ausgestatteten alten Kirche.
Nach einigen Reparaturen im 18., 19. und zu Beginn des 20. Jahrhunderts erfolgte 1963/64 eine gründliche Restaurierung durch die dänische Fa. Marcussen & Søn, die das Werk fast völlig original wiederherstellte.

117 Fresta-Kyrka
Fresta Pastorsexpedition
Idunvägen 8
S-19452 Upplands Väsby

Fax: 08/59074806
Kontakt: Organistin Maria Stoltz-Wahlforss, Tavasgatan 6, S-11820 Stockholm
Öffnungszeiten: an den Wochenenden und zu besonderen Anlässen
Konzerte: nicht regelmäßig
Eintritt: frei

Disposition:
3 Manuale und Pedal/21 Register
I. Manual/8 Register
II. Manual/7 Register
1 Koppelmanual
Pedal/6 Register

Von den drei Orgelwerken in der Fresta-Kyrka gehört das von Eric German, einem Schüler Arp Schnitgers, um 1720 erbaute Instrument mit 6 Stimmen zu einem der wenigen, original erhaltenen Werke des frühen 18. Jahrhunderts in Schweden. Ursprünglich für die Barnhuskyrka in Stockholm konstruiert, wurde die Orgel 1788 nach Fresta übertragen. Das Instrument ist zur Zeit nicht in Funktion, lediglich das wundervoll gearbeitete Gehäuse steht in alter Schönheit.
Die dänische Fa. Bruno Christensen installierte 1982 ohne Fassade ein neues Instrument mit drei Manualen, Pedal und 21 Stimmen hinter die alte Orgel von 1720, die man baldigst zu restaurieren bemüht ist.
Ein weiteres, von Bruno Christensen 1981 erbautes kleines Orgelwerk mit einer Tastatur ohne Pedal, ist hinter der Kanzel aufgestellt.

Fresta-Kyrka, Upplands Väsby: 1982 von der Fa. Bruno Christensen erbautes Instrument in einem Prospekt von Eric Mansson German aus dem Jahre 1720 (117)

118 Sta. Gertruds Kyrka
Västra Kyrkogatan
S-59324 Västervik

Telefon: 0490/84201
Kontakt: Åke Sklold, Adresse und Telefon siehe oben
Öffnungszeiten: Mai bis August 10-17.30 Uhr täglich
Konzerte: Mai bis August: Dienstag 20 Uhr
Eintritt: frei

Disposition:
1 Manual/12 Register/Tonumfang C-c'''
Pedal/8 Register/Tonumfang C-c'

Jonas Wistenius erbaute 1743 eine Orgel mit 20 Stimmen, deren barocke Gehäusefassade von M. Österbohm stammt. Am zweiten Sonntag nach Pfingsten 1762 zerstörte ein Blitzschlag während des Gottesdienstes den Kirchturm, erschlug den Mann, der die Glocken läutete und beschädigte die Orgel. Das Instrument wurde in den folgenden 200 Jahren mehrmals repariert. 1948 nahm die dänische Orgelbaufirma Th. Frobenius Änderungen vor, 1967 restaurierte und ergänzte Einar Berg aus Stockholm das Werk, welches in seiner historischen Substanz gut erhalten ist.

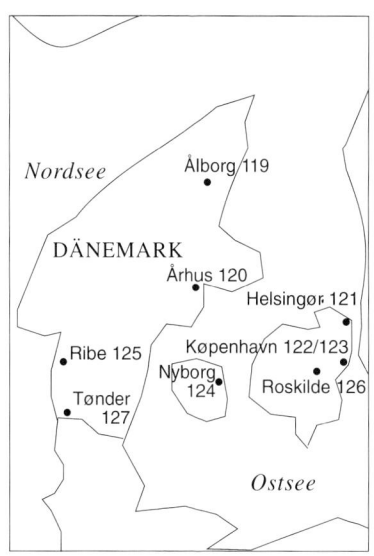

Nordsee

Ålborg 119

DÄNEMARK

Århus 120

Helsingør 121

Ribe 125

Køpenhavn 122/123

Nyborg 124

Roskilde 126

Tønder 127

Ostsee

DÄNEMARK

119 Budolfi Kirke (Dom-kirke)
Algade
DK-9000 Ålborg

Telefon: 98134928
Kontakt: Organist Niels Åge Bundgaard, Skolemestervej 28, DK-9000 Ålborg
Öffnungszeiten: Montag bis Freitag 9-15 Uhr, Samstag 9-12 Uhr, Sonntag Gottesdienste 10 Uhr und 16.30 Uhr
Konzerte: übers ganze Jahr; im Sommer jeden Mittwoch von 12.15-12.45 Uhr
Eintritt: unterschiedlich

Disposition:
3 Manuale und Pedal/40 Register
Rückpositiv/I. Manual/9 Register
Hauptwerk/II. Manual/10 Register
Brust(Schwell-)werk III. Manual/10 Register
Pedal/11 Register

Die 1749 von Hartvig Jochum Müller erbaute Orgel mit der Rokoko-Fassade befindet sich heute auf einer ganz modernen Empore. Nach mehrmaligen Umbauten und Änderungen wurde von der dänischen Orgelbaufirma Th. Frobenius 1959 eine durchgreifende Restaurierung und Erweiterung vorgenommen. Die wundervolle Fassade, die Frontpfeifen und sieben Register sind original von 1749 erhalten. Das Instrument ist nach dem Ideal des Barock von präziser, klarer und dennoch warmer Klangfarbe und erfüllt höchste kirchenmusikalische Ansprüche.

120 Domkirke
DK-8000 Århus

Kontakt: Organist Anders Riber, Skovagervej 11, DK-8240 Risskov; Tel.: 86176841
Öffnungszeiten: Mai bis September 9.30-16 Uhr, Oktober bis April 10-15 Uhr
Konzerte: ca. 15 Konzerte pro Jahr
Eintritt: frei

Disposition:
4 Manuale und Pedal/89 Register
Hauptwerk/I. Manual/16 Register
Positiv/II. Manual/16 Register
Schwellwerk/III. Manual/16 Register
Echowerk/Manual IV a/12 Register
Kronpositiv/Manual IV b/5 Register
Pedal/24 Register
Tonumfang Manuale C-c′′′;
Pedal C-g′

Über den Kauf einer Orgel aus dem Jahr 1592 existiert eine Rechnung die den Namen des Erbauers jedoch nicht ausweist. Vermutlich handelt es sich um den zu dieser Zeit berühmten Orgelbauer Hans Brebus. Nach einem Kirchenbrand wurde das Werk 1645 von Peter Karstensen Botz repariert. 1730 schuf Lambert Daniel Carstens (Schüler Arp Schnitgers/Hamburg) eine neue dreimanualige Orgel mit Pedal und 43 Registern, von der heute nur noch der hochbarocke Prospekt mit den silberweiß glänzenden Frontpfeifen erhalten ist.

Domkirke, Århus: In dem Orgelprospekt von Lambert Daniel Carstens aus dem Jahre 1730 befindet sich ein 1928 von Th. Frobenius erstelltes Werk (120)

Nach glücklosen Umbauten und Reparaturen erstellte Johan Andreas Demant 1876 ein neues Instrument, das er klanglich eher klassisch als romantisch konzipierte. Der Stil der französischen Orgelromantik erreichte Dänemark 1890 durch Cavaillé-Colls Bau einer Orgel für die Jesuskirche in Kopenhagen. Dieser neue Trend veranlaßte Demants Nachfolger Frederik Nielsen 1910 zu Änderungen am III. Manual.

Albert Schweitzer zählte anläßlich eines Besuchs in der Domkirche zu Arhus in einem Gutachten von 1922 dieses Instrument zu den »klanglich schönsten Orgeln der Welt, [die] in ihrem vollen Werk von gleicher majestätischer Schönheit [ist] wie das von Notre Dame in Paris«. Trotz der allgemeinen Hochschätzung erbaute Th. Frobenius 1928 ein neues, viermanualiges, mit 83 Registern versehenes Werk, welches die damals größte Orgel Dänemarks darstellte.

In den Jahren 1940, 1959 und 1983 wurden Änderungen und Erweiterungen auf Wunsch der jeweils amtierenden Organisten vorgenommen. Das behutsam restaurierte Barockgehäuse Carstens sowie einige rekonstruierte Teile der Vorgängerorgeln, in Verbindung mit seinem klanglichen Volumen, machen dieses Instrument zu einem der außergewöhnlichsten Orgelwerke Dänemarks.

121 **Sct. Mariae Kirke**
Kirkekontor
Sct. Annagade 38
DK-3000 Helsingør

Telefon: 49211774 (9-12 Uhr)
Kontakt: Organist Henrik Fibiger Nørfelt, Adresse und Telefon siehe oben
Öffnungszeiten: Winter 12-14 Uhr, Sommer 12-15 Uhr
Konzerte: ja; jährlich erscheinender Konzertführer
Eintritt: unterschiedlich

Disposition:
3 Manuale und Pedal/29 Register
Hauptwerk/9 Register
Rückpositiv/7 Register
Brustwerk/5 Register
Pedal/8 Register
Tonumfang Manuale C-f‴;
Pedal C-f′

Die Renaissanceorgel in Sct. Mariae hat eine mehr als 300jährige Geschichte. Erbaut wurde sie von 1634 bis 1640 von dem aus Sachsen stammenden, vom musikliebenden König Christian IV. priviligierten Orgelbauer Johan Lorentz, der auch die Orgel der Schloßkirche zu Kronborg schuf. Als 1660 Dietrich Buxtehude Organist in Sct. Mariae wurde, begann eine wichtige Epoche in der Geschichte der Marienorgel. Kurz nach seinem Amtsantritt bewilligte die der virtuosen Kunst Buxtehudes gegenüber sehr aufgeschlossene Kirchenbehörde Umbau und Verbesserung der Orgel, die der Hamburger

Orgelbauer Hans Christoph Fritzsche durchführte. Mehr als ein Jahrhundert blieb das Instrument unverändert, verfiel allerdings.

1854 baute die Fa. Marcussen & Søn ein völlig neues, dem Zeitgeschmack entsprechendes romantisches Werk in den schönen Renaissanceprospekt. 300 Jahre nach Buxtehudes Berufung zum Organisten erstellte die Fa. Th. Frobenius & Söhne 1960 eine neue Orgel, welche in Klang und Intonation weitgehend die Tradition der Lorentz-Fritzsche-Orgel aufgriff. Bekannt und beliebt sind die internationalen Orgelkonzerte mit berühmten Interpreten der Musik von Buxtehude und Bach.

122 Trinitatiskirke
Landemärket 2
DK-2000 København

Kontakt: Organistin Inge Bonnerup oder Sakristan Morten Jacobsen; Adresse siehe oben
Öffnungszeiten: 9.30-16.30 Uhr
Konzerte: November/Dezember: Freitag 16.30 Uhr
Eintritt: frei

Sct. Mariae Kirke, Helsingør: In den Renaissanceprospekt, der 1634/40 von Johan Lorentz erstellt wurde, baute die Fa. Th. Frobenius & Söhne 1960 ein neues Werk (121)

Disposition:
3 Manuale und Pedal/53 Register
Schwellwerk/I. Manual/15 Register
Hauptwerk/II. Manual/12 Register
Rückpositiv/III. Manual/13 Register
Pedal/13 Register

1731 erbaute Lambert Daniel Carstens eine zweimanualige Orgel, die 1871 von Knud Olsen überholt wurde. Die Fa. Marcussen & Søn konstruierte 1956 ein neues Instrument mit Erweiterung auf ein Rückpositiv als drittem Manual im alten historischen Prospekt. 1977 erfolgte durch Poul Gerhard Andersen eine umfangreiche Restaurierung unter Hinzufügung einiger französischer Zungenstimmen. Das reichgeschnitzte, goldfarbene Gehäuse und die Frontpfeifen wurden renoviert und sind in der historischen Substanz von 1731 erhalten.

123 Vor Frelsers Kirke
Sct. Annaegade 29
DK-1416 København K

Telefon: 31572798 oder 31579248
Kontakt: Organist Jens E. Christensen, Dronningensgade 75, DK-1420 København K; Tel.: 31546883; Fax: 31570485
Öffnungszeiten: keine Angaben
Konzerte: Februar, Juli, Oktober: Dienstag 20 Uhr
Eintritt: frei

Disposition:
4 Manuale und Pedal/56 Register
Rückpositiv/I. Manual/10 Register
Hauptwerk/II. Manual/12 Register
Schwellwerk/III. Manual/14 Register
Brustwerk/IV. Manual/6 Register
Pedal/14 Register

Orgel mit Barockprospekt von 1698 in der Vor Frelsers Kirke, København (123)

Das Orgelwerk wurde in den Jahren 1698 bis 1700 von den Brüdern Peter Petersen und Johan Peter Botzen erbaut. Der Sachse Christian Nerger schuf die schönen Schnitzereien des Prospekts sowie die zwischen den Pfeifen des Rückpositivs angebrachte Büste Christians V.

Die Orgel wird von zwei fächerförmigen Stuckkonsolen getragen, die durch zwei Stuckelefanten verbunden sind. Links und rechts des Gehäuses sind große Figuren angebracht, den Glauben und die Hoffnung darstellend.
Es erfolgten Umbauten durch A. H. Busch & Söhne (1889), Marcussen & Sohn (1939) und Poul Gerhard Andersen (1965), der auch die letzte Renovierung im Jahre 1983 vornahm.
Von den 3800 Pfeifen sind noch 1300 original erhalten; Register sind noch von 1698 und 1889 vorhanden. In sehr gutem historischen Zustand ist der schöne Barockprospekt von 1698.

124 **Vor Frue Kirke**
Korsbrødregade 4
DK-5800 Nyborg

Telefon: 65311608
Kontakt: Organist Axel B. Rechnagel, Grejsdalen 5, DK-5800 Nyborg; Tel.: 65311791
Öffnungszeiten: Sommer 9-18 Uhr, Winter 9-16 Uhr
Konzerte: ca. 10 Konzerte im Jahr
Eintritt: DKr 20,-

Disposition:
3 Manuale und Pedal/36 Register
Rückpositiv/I. Manual/7 Register
Hauptwerk/II. Manual/9 Register
Schwellwerk/III. Manual/11 Register
Pedal/9 Register

Die Orgel wurde 1973 von Poul Gerhard Andersen/Kopenhagen erbaut. In ihrer technisch und klanglich perfekten Konstruktion ist sie ein hervorragendes Werk dieses Jahrhunderts. Vier Register stammen aus einer früheren Demant-Orgel (1834), drei Stimmen angeblich noch aus der ersten Orgel, die 1596 von Hans Bre-

bus für die Kirche erbaut wurde. Der Aufbau des Gehäuses mit 2400 Pfeifen erinnert in seiner grazilen Eleganz an die Orgel von Saint-Pierre in Genf.

125 Dom
DK-6760 Ribe

Telefon: 75420619
Kontakt: Organist Mogens Melbye, Skovvej 3, DK-6760 Ribe; Tel.: 75445611
Öffnungszeiten: Oktober bis April 11-15 Uhr, Mai 10-17 Uhr, Juni bis September 10-18 Uhr
Konzerte: Mitte Juli bis Mitte August internationale Sommerkonzerte
Eintritt: ja

Disposition:
4 Manuale und Pedal/50 Register
Hauptwerk/II. Manual/12 Register
Brustwerk/III. Manual/9 Register
Rückpositiv/I. Manual/8 Register
Schwellwerk/IV. Manual/8 Register
Pedal/13 Register

In den Jahren 1634/35 integrierte Johann Heide sein Orgelwerk in das 1632/33 von Jens Olufsen geschaffene, wunderschöne Gehäuse. Die zwei seitlichen großen Pedaltürme wurden 1653 hinzugefügt. 1845 wurde das Rückpositiv abgetragen und in einer Kirche im Sønderjylland aufgestellt.
Das jetzige Orgelwerk mit Rekonstruktion des Rückpositivs erbaute Th. Frobenius & Söhne 1973. 1993 erfolgte durch dieselbe Orgelbaufirma eine letzte Renovierung der prächtigen Orgel im Dom zu Ribe und die Erweiterung auf ein viertes Manual.

◁ *Vor Frue Kirke, Nyborg: 1973 von Poul Gerhard Andersen erbaute Orgel* (124)

126 Domkirke
Domkirkestraede 10
DK-4000 Roskilde

Telefon: 42351624
Fax: 46322527
Kontakt: Domorganist Kristian Olesen, Adresse und Telefon siehe oben
Öffnungszeiten: Sommer 9-16.45 Uhr, Winter 10-14.45 Uhr
Konzerte: Juni bis August: Donnerstag 20 Uhr
Eintritt: frei

Disposition:
3 Manuale und Pedal/33 Register
Hauptwerk/II. Manual/9 Register
Brustwerk/III. Manual/7 Register
Rückpositiv/I. Manual/9 Register
Pedal/8 Register

Schon für die Jahre 1464 und 1484 sind zwei Orgeln in der Domkirche bezeugt. Das dritte Instrument wurde 1554/55 von dem niederländischen Orgelbauer Herman Raphaelis Rottensteen-Pock im Stil niederländischer Renaissance konstruiert. 1654 nahm Gregor Mülisch gravierende Änderungen an dem Werk vor, indem er das alte Hauptgehäuse Rottensteen-Pocks beseitigte und einen neuen frühbarocken, mit üppigen Schnitzereien des Bildhauers Caspar Lubbeke versehenen Prospekt schuf. Seit der Zeit prangt das Monogramm des Königs Fredericus III. auf dem Mittelturm.
Die Orgel wurde in den folgenden 300 Jahren mehrmals umgebaut und erweitert. Von 1988 bis 1991 erfolgte eine groß angelegte Restaurierung durch die Fa. Marcussen & Søn, die das Werk weitgehend auf den Zustand von 1654 rekonstruierte. Ein Drittel des originalen Pfeifenbestandes aus dieser Zeit ist erhalten, darunter sogar vier Register von 1554.
Der prächtige Prospekt beeindruckt durch seine dekorative Fassade ebenso wie das Instrument, dem trotz mehrfacher Änderungen noch viel alte Klangsubstanz geblieben ist.
(Farbige Abbildung siehe Seite 82)

127 Kristkirken Kirkepladsen DK-6270 Tønder

Kontakt: Organist Steen Wrensted Jensen, Nygade 38, DK-6270 Tønder; Tel.: 74725072
Öffnungszeiten: Montag bis Samstag 10-16 Uhr, Sonntag geschlossen
Konzerte: ja

Disposition:
3 Manuale und Pedal/37 Register
Hauptwerk/12 Register
Rückpositiv/8 Register
Brustwerk/8 Register
Pedal/9 Register
Tonumfang Manuale C-g''';
Pedal C-f'

Die Kirche erhielt ihre erste Orgel 1596 von Matthias Mahn/Buxtehude. Das Werk war in einem Gehäuse mit Dekorationen aus der Spätrenaissance untergebracht. Das Instrument wurde 1630 durch Johann Heide und 1684/85 durch Johann Heinrich Wernitzky erweitert,

Frobenius-Orgel von 1945 in einem Barockprospekt von Peter Petersen in der Kristkirken zu Tønder (127)

während Peter Petersen, Sohn einer Bildschnitzer-Dynastie aus Tønder, 1701 die Spätrenaissancefassade änderte und eine barocke Ausschmückung mit großen Akanthusblättern schuf. Nach mehrmaligen Umbauten wurde das Instrument durch ein von Th. Frobenius und Söhne 1945 konstruiertes Werk abgelöst und das Monogramm Kaiser Wilhelms II. durch das des damaligen dänischen Königs Christian X. ersetzt. Die letzte Renovierung fand 1988 durch die Fa. Th. Frobenius und Söhne statt. Bemerkenswert ist die schön gestaltete Orgelempore mit den ausdrucksvoll gemalten Darstellungen Jesu und der Apostel, 1653 entstanden.

LETTLAND
(Karte s. S. 104)

128 Dom LV-1957 Riga

Telefon: 213461 oder 211358
Fax: 210226
Kontakt: Büro für Publikationsangelegenheiten, Frau Maija Stefane, Palasta Str. 2, LV-1957 Riga; Tel.: 213461
Öffnungszeiten: Museum: Dienstag bis Freitag 13-17 Uhr, Samstag 10-14 Uhr; Sonntag Gottesdienst 12 Uhr
Konzerte: Mittwoch und Freitag 19 Uhr
Eintritt: unterschiedlich

Disposition:
2 Spieltische
4 Manuale und 2 Pedale/124 Register
I. Manual/32 Register
II. Manual/25 Register
III. Manual/19 Register
IV. Manual/17 Register
Hauptpedal/23 Register
Schwellpedal/8 Register
Tonumfang Manuale C-f''';
Pedale C-d'

Aus Dokumenten ist ersichtlich, daß eine Orgel bei einem Brand des Do-

Schnitzereien eingefaßten 6718 Pfeifen, deren größte zehn Meter und deren kleinste 8 mm mißt. Ebenso eindrucksvoll ist der einmalige, romantische Klang des Instruments, das von großen Organisten gespielt wurde, da der Rigaer Dom schon seit dem 18. Jahrhundert ein bedeutendes Zentrum der Orgelmusik darstellt. Dieser Tradition folgend, finden regelmäßig Konzerte der »Lettischen Philharmonie«, Aufführungen des gemischten Domchores und weitere musikalische Aktivitäten statt.

Dom zu Riga: Walcker-Orgel von 1881/84 (128)

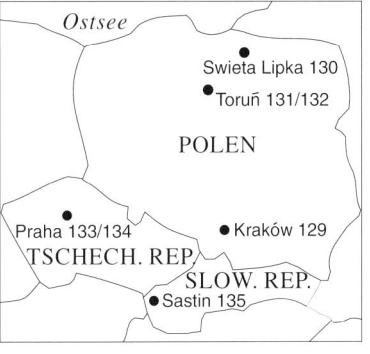

mes 1541 zerstört wurde. Von einem in den Jahren 1595 bis 1601 erbauten Orgelwerk sind noch die Holzschnitzereien und Verzierungen im mittleren Teil des von Meister Jacob Raab gefertigten Gehäuses erhalten. Im Laufe der Jahrhunderte kamen weitere dekorative Ornamente im Stil des Barock und des Rokoko hinzu.

Die heutige Rigaer Domorgel ist ein von E. F. Walcker & Co./Ludwigsburg 1881-1884 geschaffenes Werk. Sie ist 25 m hoch, elf Meter breit und mißt zehn Meter in der Tiefe und galt zu ihrer Zeit als die größte und modernste Orgel der Welt. Für das Eröffnungskonzert komponierte Franz Liszt seine Choralbearbeitung »Nun danket alle Gott«.
1961 überholte die Fa. Hermann Eule/Bautzen das Instrument und ersetzte etwa 700 im Zweiten Weltkrieg beschädigte Zinnpfeifen. Eine weitere Restaurierung erfolgte 1981 durch die Fa. Flentrop-Orgelbau/Zaandam. Äußerst beeindruckend ist die imposante Fassade mit den von Akanthusblättern und reichen

POLEN

129 Kóściół Sw. Anny
Rzymskokatolicka
Parafia
Kolegiaty sw. Anny – ul.
sw. Anny 11
PL-31-008 Kraków

Telefon: 012/225318
Kontakt: Proboszcz Ks. Wladyslaw Gasidlo, Akadem. Kolegiaty sw. Anny, PL-31-008 Kraków; Tel.: 012/215141
Öffnungszeiten: Dienstag bis Freitag 9-12 Uhr und 16-18 Uhr, Samstag 10-12 Uhr, Sonntag 16-18 Uhr
Konzerte: unregelmäßig

Disposition:
2 Manuale und Pedal/25 Register
I. Manual/10 Register
II. Manual/8 Register
Pedal/7 Register

Die Orgel wurde 1724 von Szymon Sadkowski erbaut. Nach Erweiterung der Klaviatur 1804 durch Blazej Głowacki und weiteren Änderungen in den Jahren 1898 und 1908 erfolgte von 1958 bis 1963 eine Erneuerung des Instruments durch Robert Polcyn. Von den 25 Registern sind noch 14 im Originalzustand von 1724 vorhanden. Das harmonisch gegliederte Barockgehäuse ist gut erhalten.

130 Bazylika »Mariae Heimsuchung« Nawiedzenia NMP Ksieza Jezuici PL-11-407 Swieta Lipka 29

Kontakt: P. Franciszek Kurkowski SJ., Adresse siehe oben
Öffnungszeiten: werktags 8-18 Uhr, sonntags 10-17 Uhr
Konzerte: vom letzten Freitag im Juni bis zum letzten Freitag im August: Abendkonzerte »Swietolipskie Wieczory Muzyczne« jeden Freitag 20 Uhr; Orgelpräsentation mit Jesuitenbruder Waldemar Strzyzewski SJ.: werktags stündlich von 9.30-17.30 Uhr, sonntags stündlich von 10.30-16.30 Uhr

Disposition:
2 Manuale und Pedal/36 Register
I. Manual/17 Register
II. Manual/8 Register (1 Glockenspiel)
Pedal/10 Register
Tonumfang Manuale C-f''';
Pedal C-d'

Die Orgel ist ein Meisterwerk des Königsberger Orgelbaumeisters Johann Josua Mosengel aus den Jahren 1719 bis 1721. In Konstruktion und Zusammensetzung der Register gehörte das Werk zu den ausgereiftesten Barockinstrumenten seiner Art. Das mit überaus kunstvollen Schnitzereien geschmückte Gehäuse stammt wahrscheinlich von ortsansässigen Holzbildhauern. Hauptschrank und vorderes Rückpositiv sind in ihrer üppigen künstlerischen Ausstattung beispielhaft für die Orgelbaukunst des Barock. Typisch für diese Epoche sind zahlreiche visuelle und akustische Elemente in Form von beweglichen läutenden Sternen, Glöckchen und Engelsfiguren des Himmelsorchesters sowie die Gestalten der Jungfrau Maria und des sich verneigenden Erzengels Gabriel. Vergoldete Ornamentik und in blaugold gehaltene Bekrönungen der drei großen Pfeifentürme runden das Bild des prachtvollen Prospekts ab.

1905 änderte Max Terletzki von der Fa. Orgelbau Bruno Goebel/Königsberg die barocke Disposition in eine romantische. 1945 erlitt die Orgel schwere Schäden. 1966 erfolgte eine Restaurierung durch die Fa. Kruszewski/Warschau. Seit 1970 betreut Orgelmeister und Organist Bruder W. Strzyzewski das Instrument.

Orgel in Gehäuse mit kunstvollen Schnitzereien in der Basilika Mariae Heimsuchung, Swieta Lipka, 1719/21 von Johann J. Mosengel erstellt (130)

131 Katedralna Parafia Rzymsko-Katolicka sw. Jana Chrzciciela; sw. Jana Ap.
ul. Zeglarska 16
PL-87-100 Toruń

Telefon: 056/23262
Kontakt: siehe oben
Öffnungszeiten: unterschiedlich
Konzerte: Mai bis Juli St. Johannes-Orgelkonzerte (seit 1985)
Eintritt: frei

In der Domkirche befinden sich zwei Orgelinstrumente, die beide von guter historischer Substanz sind.
Die 1878 von Max Terletzki/Königsberg erbaute Große Orgel (romantische) in neogotischem Gehäuse, 1989 renoviert, hat heute 40 Register auf drei Manualen und Pedal.
Die 1688 von Mateus Brandtner/Torún geschaffene kleine Barockorgel wurde 1821 umgebaut, 1945 durch Kriegseinwirkungen beschädigt und 1983 von dem Orgelbauer Joseph Mollin rekonstruiert. Sie ist einmanualig mit Pedal und hat 15 Register.

Kirche Najśw. Maryi Panny, Toruń: Orgel mit historischem Gehäuse im Stil der Renaissance (1609) (132)

132 Kościół parafialny/ pofranciszkański Wniebowziecia Najśw. Maryi Panny
ul. Panny Marii 2
PL-87-100 Toruń

Telefon: 056/22603
Kontakt: siehe oben
Öffnungszeiten: unterschiedlich
Konzerte: unregelmäßig
Eintritt: frei

Disposition:
3 Manuale und Pedal/50 Register
I. Manual/12 Register
II. Manual/12 Register
III. Manual/13 Register
Pedal/13 Register

Die 1609 von Hans Helwigken aus Neustadt/Schleswig Holstein erbaute Orgel hattte 32 Register auf zwei Manualen und Pedal. 1924/25 wurde das Instrument von Dominik Biernacki aus Wloclawek gänzlich umgebaut, auf ein drittes Manual erweitert und mit einem neuen Spieltisch versehen. Aus dieser Änderung ergab sich ein neuer, romantischer Orgelklang. 1976 erfolgten technische Modernisierungen durch W. Przytulski/Danzig. Von historischer Substanz ist nur noch das wunderschön geschnitzte Orgelgehäuse im Stil der Renaissance.

TSCHECHISCHE REPUBLIK
(Karte siehe Seite 115)

133 Chrám Matky Bozi Před Týnem (Teinkirche)
Celetna' 5
CZ-11000 Praha

Kontakt: Organist Bonumil Korejs, Adresse siehe oben
Öffnungszeiten: Montag bis Samstag 15-18 Uhr, Sonntag 10-13 Uhr und 20-21.30 Uhr
Konzerte: keine

Disposition:
2 Manuale und Pedal/26 Register
Hauptwerk/I. Manual/13 Register
Positiv/II. Manual/8 Register
Pedal/5 Register

Das in den Jahren 1670 bis 1673 von Johannes Mundt erbaute Werk ist die älteste Orgel Prags. Das sehr gut erhaltene Barockgehäuse ist mit herrlichen Schnitzereien reich verziert und zählt zu den schönsten Orgelprospekten der Tschechischen Republik. Das Werk erfuhr keinerlei Umbauten oder Änderungen, es wurde lediglich 1823 durch Josef Gartner gründlich überholt.

Die älteste Orgel Prags, 1670/73 von Johannes Mundt erbaut, befindet sich in der Teinkirche (133)

134 Kostel Narozeni Páne (Kirche des Herrn Geburt)
Loreta, Loretánské Námesti 7
CZ-11000 Praha 1

Telefon: 02/536228
Kontakt: Organist Radek Rejsek, Badeniho 5, CZ-16000 Prag 6
Öffnungszeiten: Dienstag bis Sonntag 9-12 Uhr und 13-16.30 Uhr
Konzerte: zu verschiedenen Zeiten im Sommer und an Weihnachten
Eintritt: unterschiedlich

Disposition:
2 Manuale und Pedal/18 Register
Hauptwerk/II. Manual/8 Register
Positiv/I. Manual/6 Register
Pedal/4 Register
Tonumfang Manuale C-c''';
Pedal C-a'

Der Prager Orgelbauer L. Spiegel schuf 1717/18 ein Instrument, das Josef Helwig aus Kraliky/Böhmen von 1734 bis 1738 neu gestaltete und verbesserte. Eine 1962 durch die Cooperative Igra vorgenommene Erweiterung veränderte die historische Substanz der Orgel, welche bei einer 1993 von Vladimir Slajch durchgeführten gründlichen Restaurierung und Rekonstruktion weitgehend wieder in den Originalzustand gebracht wurde. Das Barockgehäuse, mit reich geschnitzter Ornamentik und Gruppen musizierender Cherubine versehen, harmoniert vollendet mit der Deckenmalerei und dem Interieur der Kirche und zeugt somit von der einfühlsamen Gestaltungskraft tschechischer Orgelbauer.

SLOWAKISCHE REPUBLIK
(Karte siehe Seite 115)

135 Bazilika Sedembolestnej Panny Marie
Klástorné Námestie 1
SK-90841 Sastin

Telefon: 0802/92713
Fax: 0802/92718
Kontakt: Gemeindepfarrer, Adresse siehe oben
Öffnungszeiten: 6.30-20 Uhr
Konzerte: unterschiedlich
Eintritt: unterschiedlich

Disposition:
5 Manuale und Pedal/120 Register
3 Spieltische, 5500 Pfeifen

Einer der besten mährischen Orgelbauer des 18. Jahrhunderts, Jan Xaver Wimóla aus Brünn, erbaute 1771 ein zweimanualiges Instrument mit 23 Registern. Es war ein Geschenk der Kaiserin Maria Theresia, Patronatsherrin des Paulinerordens, an die von diesem Orden gegründete Wallfahrtskirche in Sastin. Reparaturen sind aus den Jahren 1811 und 1822 nachgewiesen. 1950 restaurierte die Fa. Varhany/Krnov das historische Instrument und erweiterte es auf fünf Manuale mit 120 Registern, wobei Hauptwerk und Positiv unverändert blieben. Dem Gehäuse wurden neue, ausladende Seitenteile hinzugefügt, die in Gliederung und Ornamentik dem Original entsprechen. Original erhalten sind auch der üppige Figuralschmuck der Engel und der Harfe spielende König David auf dem großen, mittleren Pfeifenturm. Diese Orgel ist heute eine der größten der Slowakischen Republik.

UNGARN
(Karte siehe Seite 91)

136 Szt. György templom (St. Georgskirche)
7 Szent György utca
H-9400 Sopron
(Ödenburg)

Kontakt: ACS Ferenc, tanár-karnagy, Mikoviny ut 42a, H-9400 Sopron; Tel.: 099/314297
Öffnungszeiten: 8-19 Uhr
Konzerte: keine regulären

Disposition:
2 Manuale und Pedale/18 Register
I. Manual (1633)/8 Register
Pedal (1633)/2 Register
II. Manual (1957)/5 Register
Pedal (1957)/3 Register

Die Orgel wurde 1633 von einem unbekannten Wiener Meister geschaffen. Das Gehäuse zeigt in einigen Details verblüffende Ähnlichkeit mit einem 1642 von Johann Wöckherl erbauten Werk, so daß vermutlich die Orgel in Sopron auch von diesem Meister stammt. Das Gehäuse ist im Stil der Renaissance gearbeitet. Das einmanualige Instrument wurde 1957 von der Budape-

St. Georgskirche, Sopron: 1957 erweitertes Instrument im Renaissancegehäuse (1633) (136)

ster Orgelbaufirma Johann Seidl restauriert und auf zwei Manuale erweitert, wobei die Stimmen von 1633 erhalten blieben. Die Orgel benötigt heute eine weitere Renovierung.

ITALIEN
(Karte siehe Seite 91)

137 Basilica di San Petronio Piazza Galvani 5 I-40124 Bologna

Telefon: 051/234264
Fax: 051/220637
Kontakt: Organist Liuwe Tamminga, Büro Piazza Maggiore, I-40124 Bologna; Tel.: siehe oben
Öffnungszeiten: Winter 7.30-17.30 Uhr, Sommer 7.30-18.30 Uhr
Konzerte: gelegentlich
Eintritt: frei

Detail eines der ältesten Instrumente Italiens, der Epistelorgel von 1471/75 in der Basilica di San Petronio, Bologna (137)

Dispositionen:
Epistelorgel:
1 Manual und Pedal/10 Register
Manual 54 Tasten/Pedal 20 Tasten

Evangelienorgel:
1 Manual und Pedal/10 Register
Manual 60 Tasten/Pedal 18 Tasten

In der Kirche S. Petronio befinden sich zwei Orgeln, die eine auf der Epistelseite, die andere auf der Evangelienseite.
Die Epistelorgel wurde häufig mit größerem Klangreichtum ausgestattet, so auch diese in S. Petronio, die von 1470 bis 1475 von Lorenzo da Prato erbaut wurde und damit zu den ältesten Instrumenten Italiens zählt. Sie befindet sich noch in ihrem originalen gotischen Gehäuse, das man 1675 mit einem üppigen Barockaufbau versah. Im Jahre 1531 erweiterte Giovanni Battista Facchetti das Instrument. Nach verschiedenen Änderungen in den folgenden Jahrhunderten nahm F. Tamburini von 1974 bis 1982 eine Restaurierung beider Orgeln vor, durch die die Epistelorgel auf den Zustand Facchettis von 1531 zurückgeführt und die 1596 von Baldassarre Malamini erbaute Evangelienorgel erfolgreich wiederhergestellt wurde.

138 Reale Collegio di Spagna – Sala da Musica – Via Collegio di Spagna 4 I-40124 Bologna

Telefon: 051/330408
Kontakt: siehe oben
Öffnungszeiten: für Publikum nicht geöffnet, nur nach Absprache
Konzerte: nicht regelmäßig nur zu besonderen Anlässen

Disposition:
1 Manual/14 Register/45 Tasten angehängtes Pedal mit 18 Fußtasten

1790 schuf Gioacchino Pilotti die Hausorgel mit 17 Pfeifen für die Familie Albergati, die das Instrument 1819 dem Collegio di Spagna schenkte. Das originelle Gehäuse, das der Architekt Giuiseppe Jarmorini errichtete und mit aufwendigem klassizistischen Dekor ausstattete, zeigt am oberen Sims zwei Putten, die eine Uhr halten. Das Werk wurde 1960 durch die Brüder Piccinelli di Ponteranica/Bergamo restauriert und ist in hervorragendem Zustand.

(Farbige Abbildung siehe Seite 84)

139 Duomo
»Mariae Nascenti«
Direzione Veneranda
Fabbrica
del Duomo di Milano
Via dell'Arcivescovado 1
I-20122 Milano

Telefon: 02/72022656
Fax: 02/72022419
Kontakt: Organist Luigi Benedetti, viale Gorizia 5, I-20122 Milano; Tel.: 02/89404670
Öffnungszeiten: 6.45-18.45 Uhr
Konzerte: im Frühling und Herbst je vier bis fünf Konzerte
Eintritt: frei

Disposition:
5 Manuale und 5 Pedale/195 Register
Positiv/I. Manual/26 Register
Hauptwerk/II. Manual/32 Register (in Süd- und Nordorgel aufgeteilt)
Récit/III. Manual/39 Register (10 Register Chororgel)
Solowerk/IV. Manual/25 Register
Echowerk/V. Manual/14 Register
5 Pedale/59 Register (Register auf die 5 verschiedenen Werke abgestimmt)

Die Tradition des Orgelbaus im Mailänder Dom ist sehr alt, belegen doch Urkunden die Existenz einer schon 1357 von Pater Martino de' Stremidi aus Concorezzo erbauten Orgel, die der neuen Kathedrale würdig gewesen sein soll. Zwei im 16. Jahrhundert erbaute Orgeln befanden sich auf der Süd- und Nordseite des Domes, jeweils oberhalb des Senats-Chores über den Logen, die einst den Mitgliedern des Domkapitels vorbehalten waren. Die kunstvoll gestalteten Gehäuse beider Instrumente sind Entwürfe Galeazzo Alessis und Vincenzo Seregenis. Die linke Orgel (Nordseite) schuf Gian Giacomo Antignani von 1533 bis 1577, die schönen Holzarbeiten stammen von Pantavigna und Battista Mangone. Die rechte Orgel (Südseite), die jüngere, weist ein Werk von Christoforo Valvassori aus dem Jahre 1588 auf und wurde von Del Corno, Santo Corbetta und den Gebrüdern Taurini mit üppigen Schnitzereien und Figuren versehen. Beide Orgelschränke sind durch sechzehn Flügeltüren zu verschließen, welche mit großen Ölgemälden ausgestattet sind, die Darstellungen aus dem Alten und Neuen Testament zeigen.

1937/38 konstruierten F. Tamburini/Crema und Masciono/Cuvio neue Instrumente mit insgesamt 185 Registern und 13.200 neuen Pfeifen, die sie – in Sätzen auf sieben Gehäuse verteilt – an sieben verschiedenen Stellen des Domes installierten. Während einer von 1983 bis 1986 von Tamburini vorgenommenen Restaurierung und Rekonstruktion des Orgelwerks wurden diese sieben Pfeifensätze auf vier Gehäuse verteilt. Sie werden heute von einem zwischen Hauptaltar und altem Chor installierten Generalspieltisch aus zum Klingen gebracht.
Es existiert noch eine – ebenfalls von Tamburini erbaute – Chororgel, deren zehn Register dem Récit (III. Manual) zugeordnet sind, wie auch die Register der fünf Pedale auf die fünf verschiedenen Werke abgestimmt sind. Das Orgelwerk ist in gutem Zustand, es wird an Sonntagen, zu großen Messen und für Konzerte gleichermaßen eingesetzt.
(Farbige Abbildung siehe Seite 83).

140
Basilica Abbaziale di San Pietro
via San Pietro 7
I-41100 Modena

Telefon: 059/214016
Kontakt: Stefano Pellini, via Tiraboschi 63, I-41100 Modena
Öffnungszeiten: 6.15-12 Uhr und 15-19 Uhr
Konzerte: gelegentlich
Eintritt: frei

Disposition:
2 Manuale und Pedal/22 Register
Hauptwerk/I. Manual/11 Register
Positiv/II. Manual/7 Register
Pedal/4 Register

Giovanni Battista Facchetti konstruierte 1524 die Orgel im Renaissancegehäuse mit den 1546 von Giulio und Giovanni Taraschi bemalten Flügeltüren. Das Gehäuse, die Prospektpfeifen und die Flügeltüren sind original erhalten. Die Gebrüder Ruffatti/Padua erstellten 1964 ein neues mechanisches Instrument, dessen Disposition im weitesten Sinne der von 1524 entspricht. Die Ruffattis restaurierten und rekonstruierten behutsam und konservierten somit ein gut funktionierendes Orgelwerk.

141
Chiesa Santuario Madonna
(Wallfahrtskirche »Madonna di Tirano«)
I-23030 Tirano

Telefon: 0342/701203
Kontakt: siehe oben
Öffnungszeiten: 8-12 Uhr und 14-18.30 Uhr
Konzerte: am 1. Oktober jedes Jahres
Eintritt: frei

Disposition:
Zwei Instrumente (I. Orgel und II. Orgel) im gleichen Gehäuse mit je einem Manual und in den Manualen integriertem Pedal, welches beide Orgeln bedient.
I. Orgel/17 Register
II. Orgel/36 Register

Mit der zu den historischen Monumenten der Lombardei zählenden Orgel schuf Giuseppe Bulgarini/Brescia in den Jahren 1608 bis 1617 ein Meisterwerk in einem großartigen Gehäuse, dessen Pfeifenfelder von acht gleich schlanken Säulen aus rotem Marmor unterteilt sind. Zwei große, spiralförmig dekorierte Säulen verbinden die reichgeschnitzte Brüstung mit dem üppig verzierten Kranzgesims. Nach mehrfachen Änderungen, Um- und Neubauten wurde die Orgel 1970 von den Gebrüdern Piccinelli/Ponteranica bei Bergamo generalüberholt und die historische Charakteristik des Werkes wiederhergestellt.
Während der Fastenzeit und zu besonderen Gelegenheiten kann ein gewaltiges Leinwandgemälde als Vorhang die Orgel verschließen. Das Gemälde, 1650/51 von Carlo Marmi aus Bormio geschaffen, wurde 1981 durch Antonio Quarti/Bergamo restauriert.

Wallfahrtskirche »Madonna di Tirano«, Tirano: Historische Orgel, 1608/17 von Giuseppe Bulgarini erbaut (141)

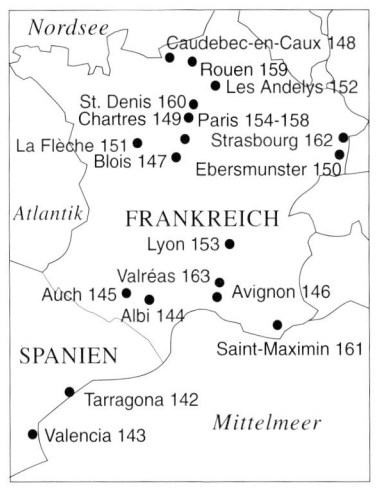

Nordsee

Caudebec-en-Caux 148
Rouen 159
Les Andelys 152
St. Denis 160
Chartres 149 Paris 154-158
La Flèche 151 Strasbourg 162
Blois 147 Ebersmunster 150

Atlantik FRANKREICH
Lyon 153

Valréas 163
Auch 145 Avignon 146
Albi 144

SPANIEN Saint-Maximin 161

Tarragona 142
Mittelmeer
Valencia 143

SPANIEN

142 Catedral Basilica Metropolitana i Primada
**Arquebisbat
Pla de Palau n.2
E-43003 Tarragona**

Telefon: 077/233412
Fax: 077/233621
Kontakt: Organist Jordi Vergés i Riart, Rambla Vella n.43, 2n, E-143003 Tarragona; Tel.: 077/234958
Öffnungszeiten: Winter: 7.30-14 Uhr und 18.45-20 Uhr; Sommer: 7.30-20 Uhr; Sonn- und Feiertage: 7.30-13.30 Uhr und 18.45-20.30 Uhr
Konzerte: nicht regelmäßig, organisierte Orgelkonzerte
Eintritt: frei

Disposition:
3 Manuale und Pedal/36 Register
I. Manual/12 Register
II. Manual/8 Register
III. Manual/11 Register
Pedal/5 Register
Tonumfang Manuale C-c'''';
Pedal C-g'

Zwischen 1561 und 1567 wurde die Orgel im Hauptschiff der Kathedrale von Salvador Estrada und Perris Arrabassa geschaffen. Nach einer Erweiterung des Werkes im Jahre 1862 erfolgte 1929 der Neubau einer romantischen Orgel als Geschenk des amerikanischen Hispanisten Deering an den Kardinal Vidal i Barraquer. Dieses Instrument, 1974 restauriert, befindet sich heute im herrlichen historischen Gehäuse von 1561, dessen Fassade bei allen Umbauten und Änderungen in seiner Substanz geschont wurde, so daß sie Zeugnis ablegt von der hohen Schule katalanischen Orgelbaus des 16. Jahrhunderts.
In der Kapelle der »Jungfrau des Kreuzganges« befindet sich noch eine kleine Orgel in einem Gehäuse von 1700. Mitte des 19. Jahrhunderts umgebaut und 1992 von Anton Llauradó und Klaus Fischer restauriert, ist sie in gutem Zustand. Sie soll für die Sommerkonzerte auf historischen Orgeln in Katalanien berücksichtigt werden.

Kathedrale von Tarragona: Orgel von Salvador Estrada und Perris Arrabassa, erbaut von 1559 bis 1567 (142)

143 Catedral Metropolitana
Plaza Almoina
E-46000 Valencia 3

Telefon: 06/3918127
Kontakt: Josè Climent, Adresse und Telefon siehe oben
Öffnungszeiten: 10.30-13 Uhr und 16.30-20 Uhr
Konzerte: Sonderkonzerte
Eintritt: frei

Disposition:
3 Manuale und Pedal mit elektrischer Traktur
(keine Angaben zur Disposition)

Die von 1510 bis 1513 von Pedro Andrés Teixidor und Diego Ortiz erbaute Orgel befand sich in einem ungewöhnlich imposanten Gehäuse mit elf sich nach oben verjüngenden Pfeifenfeldern in einer flach gestalteten Fassade, die von zwei großartigen Pfeifenfürmen flankiert wurde. Es war eines der ersten Gehäuse der spanischen Renaissance. Nach über vierhundertjähriger Orgelgeschichte mit vielen Umbauten und Erneuerungen verfügte das Instrument am Anfang des 20. Jahrhunderts über drei Manuale und Pedal. Im Spanischen Bürgerkrieg wurden Orgel und Gehäuse 1936 fast völlig zerstört. Reste und Fragmente des historischen Prospekts befinden sich heute in einem Museum.
Die jetzige Orgel der Kathedrale, ein originales, von Pedro Galop im 18. Jahrhundert erbautes Werk, wurde 1948 von E.F. Walcker rekonstruiert und 1982 von Gabriel Blaneafort renoviert.

FRANKREICH
(Karte siehe Seite 123)

144 Cathédrale Ste-Cécile
5, Boulevard Général Sibille
F-81000 Albi

Kontakt: Organist Mary Prat-Molinier oder stellvertretender Organist Gérard Terrissol, 28, rue de la Madeleine, F-81000 Albi
Öffnungszeiten: unterschiedlich
Konzerte: Juli/August: Mittwoch 17 Uhr; weitere drei bis vier Konzerte jährlich
Eintritt: Konzerte am Mittwoch frei

Disposition:
5 Manuale und Pedal/55 Register
Positiv/I. Manual/13 Register
Hauptwerk/II. Manual/18 Register
Bombardewerk/III. Manual/7 Register
Récitwerk/IV. Manual/4 Register
Echowerk/V. Manual/7 Register
Pedal/6 Register

Christophe Moucherel schuf von 1734 bis 1736 das Instrument mit dem imposant gestalteten Prospekt. Das Werk war viermanualig mit Pedal und 43 Registern. Mehrfache Eingriffe folgten: 1747 Instandsetzung durch François L'Epine und Sohn, 1778/79 Erweiterung durch Joseph Isnard, 1824/25 Änderung der Disposition durch Antoine Peyroulous und 1865 Umbau durch Thibault Maucourt. Danach verfiel die Orgel langsam, bis 1971 die Fa. Schwenkedel das Werk erneuerte. 1977 nahm Bartolomeo Formentelli eine gründliche Restaurierung vor, um den originalen Zustand der Orgel von 1736 weitestgehend wiederherzustellen. Die Renovierungsarbeiten wurden 1981 erfolgreich abgeschlossen.

Kathedrale St. Maria, Auch: Die Orgel von Jean de Joyeuse befindet sich in einem der schönsten Gehäuse Frankreichs (erstellt vom Tischler Payerle) (145) ▷

145 Cathédrale Ste-Marie
Presbytère de la Cathé-
drale
40, rue Dessole
F-32000 Auch

Kontakt: Père Henri Abadie, 13, rue
Docteur Samalens, F-32020 Auch
Cedex 9; Tel.: 62619160
Öffnungszeiten: 8-12 Uhr und 14-18
Uhr
Konzerte: Festival im Juni
Eintritt: unterschiedlich

Disposition:
43 Register auf 4 Manualen und
Pedal
Hauptwerk/17 Register/54 Tasten
Positiv/11 Register/54 Tasten
Echo/6 Register/37 Tasten
Récit/1 Register/25 Tasten
Pedal/8 Register/30 Tasten

Die Orgel wurde 1694 mit 37 Registern auf vier Manualen und Pedal
erbaut von Jean de Joyeuse, der damit den Pariser Orgelbau nach Süd-
frankreich brachte. Das Instrument
wurde von 1954 bis 1958 durch Victor Gonzalez und Georges Danion
wiederhergestellt und auf 43 Register erweitert. Das Gehäuse dieser
Orgel, das der Tischler Payerle im
Stil Ludwig XIV. errichtete, ist eines
der schönsten in Frankreich.

146 Notre-Dame-des-Doms
Métropole Notre-Dame-
des-Doms
Place du Palais
F-84000 Avignon

Telefon: 90868101
Kontakt: Lucienne Antonini, 10, rue
Buffon, F-84000 Avignon; Tel.:
90822175
Öffnungszeiten: 8-19 Uhr
Konzerte: Juli: »Festival der Orgel«
Mittwoch 18 Uhr; die Orgel ist jeden
Sonntag während des Hochamts von
10-11.30 Uhr zu hören

Disposition:
1 Manual, 54 Tasten
in Baß und Diskant geteilte Register,
die zusammen das Ripieno bilden
17 Pedaltasten
insgesamt 26 Register

Diese Orgel des klassischen italienischen Typs wurde von dem Lom-
barden Piantanida 1818 geschaffen,
zu einer Zeit, da der italienische Orgelbau die Region der Provence
stark beeinflußte. Piantanida konstruierte ein rein italienisches Werk
mit in Baß und Diskant geteilten Registern und übernahm die Prospektpfeifen des alten, aus dem 17. Jahrhundert stammenden Instruments.
Die Orgel wurde 1860 und 1881
durch Théodore und Eugène Puget
restauriert, 1939 von Maurice Puget
verändert sowie 1967 nochmals
durch Alain Sals instandgesetzt.

Diese »goldene Orgel« im Gehäuse
korinthischen Stils ist einmalig in
Frankreich. Bemerkenswert ist die
Statue des Königs David als krönen-
der Abschluß am Haupt der Orgel.

Ein äußerst attraktives musikali-
sches Ereignis ist das »Festival der
Orgel« in Avignon, das von international bekannten Künstlern getragen wird. Kein Geringerer als der inzwischen verstorbene Oliver Messiaen, der dem »Conservatoire Na-
tional de Musique Oliver Messiaen«
in Avignon seinen Namen gab, war

auch »organiste titulaire« der Orgel in Notre-Dame-des-Doms. (Farbige Abbildung siehe Seite 85)

147 Cathédrale St-Louis
4, rue forte clos Haut
F-41000 Blois/Loire

Telefon: 54871790
Kontakt: Organist Guillot, Adresse und Telefon siehe oben
Öffnungszeiten: 9-19 Uhr
Konzerte: keine

Disposition:
3 Manuale und Pedal/39 Register
Hauptwerk/I. Manual/11 Register
Positiv/II. Manual/9 Register
Récitwerk/III. Manual/11 Register
Pedal/8 Register

Die von Robert Clicquot 1704 erbaute Orgel war ein Geschenk König Ludwigs XIV. an die Kathedrale von Blois. 1835 erfolgte eine Erweiterung des Instruments durch Callinet sowie 1880 eine Änderung und Überholung durch die Fa. Merklin.

Seit der letzten Renovierung 1954 wurden an der Orgel keine Reparaturen mehr vorgenommen, so daß sie sich momentan in schlechtem Zustand befindet. Da das Material Clicquots von sehr guter Qualität ist, dürfte eine baldige Restaurierung erfolgreich sein und dem Werk den Status eines historischen Denkmals erhalten.

148 Église Notre Dame
F-76490 Caudebec-en-Caux

Kontakt: Jean Neveu, organiste de Notre Dame de Caudebec-en-Caux, F-76490 Saint-Arnoult;
Tel.: 35961799
Öffnungszeiten: 8-19 Uhr

Konzerte: Juli/August: sonntags 16.30 Uhr; jährlich erscheinendes Programm
Eintritt: frei

Disposition:
4 Manuale und Pedal/45 Register
Hauptwerk/17 Register
Positiv/12 Register
Récitwerk/7 Register
Echowerk/3 Register
Pedal/6 Register

Antoine Josseline konstruierte 1542/43 das Instrument in dem zu gleicher Zeit von Gilbert Cocquerel im typischen Stil der Normandie geschaffenen, wundervollen Renaissanceprospekt. Jean-Baptiste Lefebvre restaurierte 1738 das Werk und fügte ein Rückpositiv hinzu. Es folgten Instandsetzungen 1930 und nach Bombardierungen im Zweiten Weltkrieg 1956 sowie 1959. Die Fa. Haerpfer & Ermann führte 1972 umfangreiche Restaurierungsarbeiten durch, indem sie die Mechanik in historischer Manier erneuerte. Das Pfeifenwerk von 1738 ist größtenteils original erhalten, das herrliche Renaissancegehäuse aus dem 16. Jahrhundert ist von sehr guter alter Substanz.

Kathedrale Notre-Dame, Chartres: Instrument von 1965/71 in historischem Schwalbennestgehäuse (149)

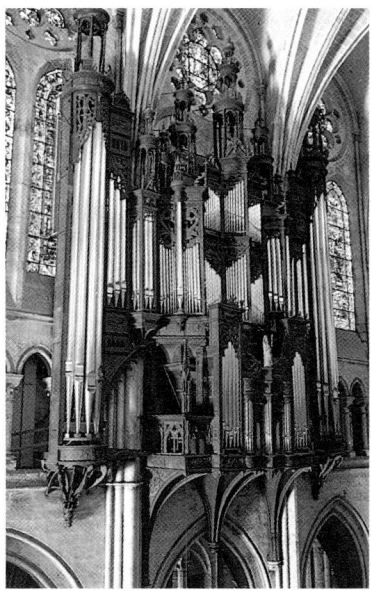

149   Cathédrale Notre-Dame 16, cloître Notre-Dame F-28003 Chartres Cedex

Kontakt: Patrick Delabre; Tel.: 37218124
Öffnungszeiten: 7.30-19.30 Uhr
Konzerte: Juli/August: Sonntag 16.30 Uhr; Juli/August: Donnerstag 20.15 Uhr
Eintritt: frei

Disposition:
elektrische Traktur
67 Register auf 4 Manualen
je Manual 56 Tasten
Pedal 32 Tasten

Die Orgel in Notre-Dame de Chartres wurde von 1545 bis 1552 erbaut. Die Tischler R. Foubert und Jaques Bely schufen das einzigartige Schwalbennestgehäuse. Dabei übernahmen sie Teile des ursprünglichen Prospekts, der schon 1475 von dem Mönch Gombault Rogerie geschaffen wurde. Nach zahlreichen Eingriffen, Instandsetzungen und Reparaturen im Laufe der Jahrhunderte, erfolgte von 1965 bis 1971 der Neubau eines Orgelinstruments in historischem Gehäuse durch die Fa. Danion & Gonzalez. Der Aufenthalt in dieser herrlichen Kathedrale anläßlich eines Orgelkonzertes ist von großer musikalischer Intensität.

◁ *Notre-Dame de Caudebec-en-Caux, Saint-Arnoult: Orgel mit größtenteils original erhaltenem Pfeifenwerk im Renaissanceprospekt von Gilbert Cocquerel (148)*

150   Église St-Maurice Presbytère F-67600 Ebersmunster

Telefon: 88857266
Kontakt (für eine Orgelvorführung, nach Vereinbarung mit dem Pfarramt)*:* Mr. Chalté, 18, rue de Verdun, F-67600 Muttersholtz; Tel.: 88851123
Öffnungszeiten: 9-12 Uhr und 14-18 Uhr, am Sonntag Präsentation der Orgel von 11-12 Uhr
Konzerte: Mai: »Stunden der Musik«, sonntags 17 Uhr
Eintritt: unterschiedlich

Disposition:
3 Manuale und Pedal/29 Register
Hauptwerk/49 Tasten/13 Register
Positiv/49 Tasten/7 Register
Echo/25 Tasten/4 Register
Pedal/25 Tasten/5 Register

Eines der letzten Werke des berühmten Orgelbaumeisters Andreas Silbermann ist die Orgel in Ebersmünster, die 1732 fertiggestellt wurde. Neben der Orgel in Marmoutier ist dies die einzige vollständig erhaltene Silbermann-Orgel. Johann Josia, Sohn des Erbauers, reparierte 1782 die Bälge und installierte ein neues Pedal. Die Orgel besteht aus fünf Pfeifentürmen, das Positiv aus drei. Die Weite der Pfeifen verleiht dem Instrument einen Klang von großer Fülle und Weichheit. Von großer Eleganz ist die Dekoration der beiden Orgelprospekte.

1939 wurde das Instrument durch Edmond Alexandre Röthinger äußerst gewissenhaft restauriert; er ersetzte nur abgenutzte Teile, Blasebalg und Pedal. Die herrliche und hochgeschätzte Silbermann-Orgel steht nun seit 1971 unter Denkmalschutz.

151   Église St-Louis Prytanée National Militaire F-72208 La Flèche Cedex

Telefon: 43940396 (M. Ménard)
Kontakt: Organist M. Chauvin, 9, rue Brasseur, F-72200 La Flèche; Tel.: 43940638
Öffnungszeiten: 9-12 Uhr und 14-18 Uhr
Konzerte: ja
Eintritt: unterschiedlich

Disposition:
Keine Angaben, da die Orgel nach Restaurierung erst im Oktober 1995 wieder spielbar sein wird.
Alte Disposition: 4 Manuale und Pedal/ca. 40 Register

Die Orgel stammt vermutlich aus dem Jahr 1620 (P. Maillard?). Peter Levasseur überholte das Werk zwischen 1638 und 1640. Nach einer langen Orgelgeschichte mit mehrfachen Umbauten wurde das Instrument 1936/37 und 1947 durch Victor Gonzalez restauriert, erweitert und klanglich im Stil der »Neoklassik« geändert. Die Orgel ist z. Zt. demontiert zwecks Renovierung und Wiederherstellung der alten Substanz durch Rekonstruktion. Ab Oktober 1995 wird das Instrument mit dem schönen Gehäuse im Stil Ludwigs XIII. wieder installiert sein.

152   Église St-Sauveur Presbytère 10, rue de Fontanges F-27700 Les Andelys

Kontakt: Jean Regnery, 7, rue L. Pasteur, F-27700 Les Andelys; Tel.: 32542585
Öffnungszeiten: keine Angaben
Konzerte: August/September: Académie Internationale D'Orgue Des Andelys
Eintritt: frei

Disposition:
3 Manuale und Pedal/33 Register
Hauptwerk/I. Manual/14 Register/48 Tasten
Positiv/II. Manual/9 Register/48 Tasten
Echo/III. Manual/7 Register/36 Tasten
Pedal/3 Register/30 Tasten

Orgel mit Gehäuse im Stil Ludwigs XIII. in der Kirche St. Louis, La Flèche (151)

Die Orgel der Kirche St-Sauveur wurde 1674 von Robert Ingoult erbaut. 1926 erfolgten die Wiederherstellung des Werkes durch Charles Reinburg und die Einweihung durch Charles-Marie Widor, dem großen französischen Organisten, auch »Vater der orchestralen Orgel« genannt. Eine erneute Restaurierung wurde 1965 durch die Fa. Gonzalez ausgeführt. Das Instrument ist weitgehend in originalem historischen Zustand.

Die »Internationale Akademie für Orgel« in Les Andelys veranstaltet jedes Jahr im August und September eine Audition der Orgel von St-Sauveur.

153 Église St-François-de-Sales
11, rue Auguste Comte
F-69002 Lyon

Zeichnung der Orgel von Cavaillé-Coll in der Kirche St-François-de-Sales in Lyon (153)

Telefon: 78372527
Kontakt: Organist Louis Robilliard, Adresse und Telefon siehe oben
Öffnungszeiten: 9-12 Uhr und 15-18 Uhr
Konzerte: keine

Disposition:
3 Manuale und Pedal/45 Register
Hauptwerk/14 Register
Positiv/10 Register
Récitwerk/14 Register
Pedal/7 Register
Tonumfang Manuale C-g''';
Pedal C-f'

Die von Aristide Cavaillé-Coll erbaute Orgel wurde am 26. November 1880 eingeweiht. Charles-Marie Widor, Begründer der neuen Orgelschule Frankreichs (Lehrer M. Duprés und A. Schweitzers) und von 1870 bis 1934 als Organist an St-Sulpice in Paris tätig, brachte anläßlich der Einweihungsfeierlichkeiten seine Fünfte Symphonie für Orgel auf dem Instrument Cavaillé-Colls zur Erstaufführung. Es folgten einige wenige Änderungen und Reparaturen der Orgel, bis sie 1964 durch die Firma Merklin & Kuhn überholt wurde.

Zwischen 1975 und 1991 bemühte sich René Micoll um gewissenhafte Instandhaltung des Werkes, das jetzt von der Orgelbaufirma Th. Kuhn betreut wird. Das Instrument ist bis heute original erhalten und besticht durch eine außergewöhnliche klangliche Fülle und Schönheit. Von großer Eleganz ist die klare Architektur des Gehäuses mit den imposanten Fassadenpfeifen.

154 Basilique Ste-Clotilde
Rue Las Cases
F-75007 Paris

Kontakt: Marie-Louise Langlais, oder Jacques Taddei
Öffnungszeiten: 9-18 Uhr
Konzerte: keine

Disposition:
60 Register auf 3 Manualen und einem Pedal
Hauptwerk/15 Register
Positiv/16 Register
Récit/17 Register
Pedal/12 Register

Aristide Cavaillé-Coll erbaute 1859 die Orgel, die zu dieser Zeit 46 Register auf drei Manualen hatte und von keinem Geringeren als César Franck als erstem »organiste titulaire« (von 1859 bis 1890) gespielt wurde. Das Instrument erhielt 1933 von der Fa. Beuchet einen Umbau auf 56 Register. Dieselbe Firma elektrifizierte 1962 das Werk, baute einen neuen Spieltisch und erweiterte die Orgel auf 60 Stimmen, von denen die 46 Register aus der Zeit Francks noch heute, bis auf vier Stimmen, erhalten sind. Berühmte Organisten wie Gabriel Pierné, Charles Tournemire und Jean Langlais wirkten an der Orgel in Ste-Clotilde.

Von Aristide Cavaillé-Coll 1859 erbaute Orgel in der Basilika Ste-Clotilde, Paris (154)

155 Église la Madeleine Place de la Madeleine F-75008 Paris

Telefon: 42655217
Kontakt: Organist François-Henri Houbart oder L'Abbé Philippe Brizard, 14, rue de Surène, F-75008 Paris
Öffnungszeiten: 7-19 Uhr, sonntags von 13.30-15.30 geschlossen
Konzerte: an einem Sonntag im Monat um 16 Uhr
Eintritt: frei

Disposition:
4 Manuale und Pedal/58 Register
Hauptwerk/I. Manual/15 Register
Positiv/II. Manual/10 Register
Bombardewerk/III. Manual/11 Register
Récitwerk/IV. Manual/13 Register
Pedal/9 Register

Das mit dem schön geschnitzten Sockel der Eingangspforte verbundene, elegant darüber integrierte Orgelwerk mit 4226 Pfeifen schuf Aristide Cavaillé-Coll 1846. Große Musiker waren an diesem Instrument als Organisten tätig, so auch Camille Saint-Saëns, Charles-Marie Widor und Gabriel Fauré. Instandsetzungen und Änderungen erfolgten 1957 durch Roethinger-Boisseau, 1971 durch Danion-Gonzalez und 1988 durch Danion-Gonzalez-Dargassies. Die Orgel ist von hervorragender historischer Substanz, von den 58 Registern sind noch 47 Stimmen Cavaillé-Colls original erhalten. Die Orgel wurde in die Kategorie »Classé Monument Historique« aufgenommen.

156 Église St-Augustin Place St-Augustin F-75008 Paris

*Telefon:*45222312
Kontakt: Susanne Chaismartin
Öffnungszeiten: werktags 9-18 Uhr, sonntags 8-12.30 Uhr
Konzerte: keine

Disposition:
3 Manuale und Pedal/53 Register
Hauptwerk/I. Manual/16 Register
Positiv/II. Manual/11 Register
Récit expressif/III. Manual/14 Register
Pedal/12 Register

Die erste große Orgel in St-Augustin ist das Werk von Charles Barker und Albert Peschard, welche bereits durch die Einführung der luftgepumpten Hebel (Barkerhebel) bekannt waren. Dieser ersten Orgel fügten sie eine neue Transmissionsmethode, die Elektrizität, hinzu. Am 17. Juni 1868 fand die feierliche Einweihung des Instruments statt. 1876 führte Paul Ferat im Auftrag Barkers, der Frankreich inzwischen verlassen hatte, Verbesserungen am elektrischen System durch.
1889 übergab Ferat die Arbeit dem großen Orgelbaumeister Cavaillé-Coll, der das Werk rekonstruierte und Vergrößerungen vornahm. 1899 erfolgte die Einweihung der Cavaillé-Coll-Orgel mit mechanischer Transmission durch den berühmten Organisten Eugène Gigout. Auf Initiative der Stadt Paris wurde das Instrument 1988 von der Fa. Bernard Dargassies restauriert, und es ist voll funktionsfähig.

Kirche St.-Etienne du Mont, Paris: Orgel in historischem Gehäuse von Johan Buron aus dem Jahre 1633 (157)

157 Église St-Étienne du Mont 30, rue Descartes F-75005 Paris

Kontakt: Hervé Morin
Öffnungszeiten: werktags 7.45-12 Uhr und 14-19.30 Uhr, sonntags 8.45-12.30 Uhr und 14.30-19.30 Uhr
Konzerte: jeden zweiten Sonntag im Monat von 17.45-18.30 Uhr
Eintritt: frei

Disposition:
4 Manuale und Pedal/89 Register
Hauptwerk/16 Register/61 Tasten
Positiv/16 Register/61 Tasten
Récit/18 Register/61 Tasten
Echo/14 Register/61 Tasten
Pedal/25 Register/32 Tasten

Jehan Buron schuf 1633 das wunderschöne Gehäuse, in das Pierre Le Pescheur 1636 das Instrument mit 34 Registern auf drei Manualen und selbständigem Pedal installierte. Nach einigen Instandsetzungen und Umbauten erneuerte François-Henri Cliquot 1772 alle Zungenstimmen. 1863 fügte Aristide Cavaillé-Coll ein neues drittes Manual mit 42 Tasten als Récit expressif hinzu, wobei er die alten Register der Orgel bewahrte.
Von 1938 bis 1956 baute die Fa. Beuchet-Debierre ein neues Werk mit 83 Registern auf vier Manualen in den historischen Prospekt ein. 1991 erfolgte eine nochmalige Restaurierung durch die Fa. Dargassies.
Der Spieltisch ist auf einer Galerie installiert, die sich sieben Meter seitlich zur Orgel im intakten historischen Gehäuse des 17. Jahrhunderts befindet.

158 Église St-Sulpice
Place St-Sulpice
F-75006 Paris

Kontakt: Daniel Roth, Titulaire du Grand Orgue, Adresse siehe oben
Öffnungszeiten: 8-19.30 Uhr
Konzerte: jeden Sonntag Audition der Orgel um 11.30 Uhr; vier Abendkonzerte am letzten Dienstag im April, Mai, Juni und Juli
Eintritt: frei; Kostenbeitrag zu den Abendkonzerten

Disposition:
5 Manuale/102 Register/56 Tasten
Pedal/30 Tasten
Grand Chœur/I. Manual/13 Register
Grand Orgue/II. Manual/13 Register
Positiv/III. Manual/20 Register
Récit expressif/IV. Manual/21 Register
Solo/V. Manual/21 Register
Pedal/14 Register

1781 wurde das erste Instrument von François-Henri Cliquot in das von Chalgrin entworfene, tempelartige Gehäuse eingebaut. Im Einweihungskonzert spielten unter ande-

Kirche St.-Sulpice, Paris: Orgelwerk von Aristide Cavaillé-Coll in historischem Gehäuse von 1781 (158)

rem Armand-Louis Couperin und Jean-Jacques Charpentier. 1845 erfolgte eine Restaurierung des Werkes durch die Fa. Daublaine & Callinet. Zwischen 1858 und 1862 erstellte Aristide Cavaillé-Coll eine neue Orgel mit 100 Registern auf fünf Manualen und Pedal (mit sechs Barkerhebeln) im historischen Gehäuse und mit den historischen Pfeifen. Cavaillé-Coll überholte sein Werk 1883.
Das einzigartige Instrument besitzt heute 102 Register, mehr als 40% vom Pfeifenwerk stammen noch von Cliquot. An der weltberühmten Orgel waren unter anderem Marcel Dupré, Charles Marie Widor und Jean-Jacques Grunenwald tätig.

159 Église St-Maclou
Presbytère St-Maclou
3, rue Eugène Dutuit
F-76000 Rouen

Telefon: 35708490
Fax: 35155172
Kontakt: Maître Jean-Louis Durand, Adresse siehe oben
Öffnungszeiten: 10-12 Uhr und 14.30-18 Uhr
Konzerte: Juli/August: Sommerkonzerte und regelmäßige von Mai bis Oktober
Eintritt: unterschiedlich

Disposition:
3 Manuale und Pedal/34 Register
Rückpositiv/I. Manual/9 Register
Hauptwerk/II. Manual/11 Register
Oberwerk/III. Manual/8 Register
Pedal/6 Register

Vermutlich schuf Jean Goujon 1520 das großartige Renaissancegehäuse, für das der Orgelbauer Antoine Josseline 1541 ein Instrument konstruierte. Bis zum Ende des 18. Jahrhunderts erfolgten mehrere Umbauten, Instandsetzungen und Erweiterungen. Nach dem Verfall der Orgel baute die Fa. Merklin & Schütze im Jahre 1866 ein neues Instrument. Diese Orgel wurde nach Kriegsschäden 1944 abgetragen.

Von 1959 bis 1966 wurde von der Fa. Haerpfer & Erman das heutige Werk mit drei Manualen, Pedal und 30 Registern fertiggestellt. Die letzte umfangreiche Restaurierung durch die Orgelbaufirma Kern/Straßburg konnte 1994 erfolgreich beendet werden. Dabei wurde der einzigartige Renaissanceprospekt überholt und auf den historischen Zustand von 1520 rekonstruiert. Die neue Orgel enthält noch einige alte Register. Sie ist in ihrer klanglichen Struktur so konzipiert, daß sie speziell für die Interpretation deutscher Orgelwerke des 17. bis 19. Jahrhunderts geeignet ist.

(Farbige Abbildung siehe Seite 86)

160 Cathédrale-Basilique 4, rue de Strasbourg F-93200 Saint-Denis

Kontakt: Pierre Pincemaille, organiste titulaire
Öffnungszeiten: Winter 10-17 Uhr, Sommer 10-19 Uhr
Konzerte: Ostersonntag bis Allerheiligen: jeden Sonntag 11.15-12 Uhr
Eintritt: frei

Disposition:
3 Manuale und Pedal/69 Register
Positiv/I. Manual/17 Register
Hauptwerk/II. Manual/20 Register
Récit expressif/III. Manual/8 Register
Pedal/12 Register
Mechanische Traktur – I. und III. Manual
Barker-Maschine – II. Manual
Die 12 Register des Bombardewerks haben keinen eigenen Spieltisch, sie erklingen auf dem II. Manual.

Die Orgel in Saint-Denis ist das erste große Werk des Aristide Cavaillé-Coll. Er vollendete es 1841. Cavaillé-Coll fügte die Orgel mit 69 Registern auf drei Manualen und Pedal in das vom Architekten François Debret geschaffene gotische Gehäuse

ein. In diesem Instrument verwendete der Meister erstmals den pneumatischen Hebel von Charles Barker sowie Windladen mit doppelten Ventilkästen. 1857 erfolgten Verbesserungen durch Cavaillé-Coll. Nach einer Veränderung durch Charles Mutin im Jahre 1902 wurde die Orgel, die seit Jahren unspielbar war, von der Fa. Gonzalez von 1983 bis 1987 mit großem Aufwand restauriert. Heute ist die Identität mit dem Meisterwerk Cavaillé-Colls von 1857 wiederhergestellt.

161 Basilique Presbytère F-83470 Saint-Maximin

Telefon: 94780019
Kontakt: Pierre Bardon, Chapelle St-Michel, F-13710 Fuveau; Tel.: 42587068
Öffnungszeiten: Sommer 9-19 Uhr
Konzerte: September Herbstfestival
Eintritt: frei

Basilika, Saint-Maximin: Orgel von Jean Esprit und Josef Isnard aus den Jahren 1772/75 (161)

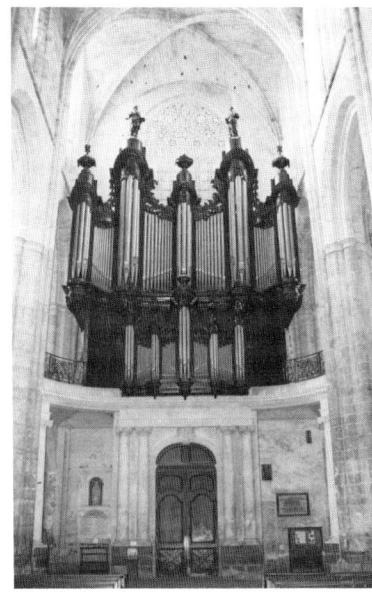

Disposition:
4 Manuale/39 Register
Hauptwerk/I. Manual/13 Register
Positiv/II. Manual/14 Register
Raisonnance/III. Manual/9 Register
Récit/IV. Manual/3 Register

Jean-Esprit Isnard und sein Neffe Joseph Isnard erbauten zwischen 1772 und 1775 die Orgel, welche die Wirren der Revolution unbeschadet überstand. Das Instrument ist im Stil »français« mit zahlreichen Zungenstimmen ausgestattet. Es verfügt über keine Pedalstimmen, sondern ist mit dem III. Manual »Résonnance« ständig an das Pedal gekoppelt.
Von 1953 bis 1957 erfolgte eine Renovierung durch Pierre Chéron und 1991 nahm Yves Cabourdin von der Manufacture Provençale d'Orgues eine umfassende Wiederherstellung vor. So wurde dem Instrument mit den klar gegliederten Pfeifenfeldern und dem eindrucksvollen Prospekt die historische Substanz des 18. Jahrhunderts erhalten.

Münster zu Straßburg: Orgel von Alfred Kern in dem einzigartigen Gehäuse von 1489 (162)

162 Cathédrale Notre-Dame Strasbourg (Straßburger Münster) F-67000 Strasbourg

Kontakt: Jean Ringue, 16, rue Brulée, F-67000 Strasbourg
Öffnungszeiten: 7-11.45 Uhr und 12.45-19 Uhr
Konzerte: Mai bis Oktober: jeden zweiten Freitag
Eintritt: ja (ca. 60 Francs)

Disposition:
3 Manuale und Pedal/47 Register
Positiv/I. Manual/13 Register
Hauptwerk/II. Manual/15 Register
Récit/III. Manual/10 Register
Pedal/9 Register

Nach einer bereits 1260 im Münster vorhandenen Orgel und weiteren nachfolgenden Instrumenten schuf Friedrich Krebs/Ansbach 1489 ein dreimanualiges Werk mit 2136 Pfeifen im mit Flügeltüren verschließbaren, gotischen Gehäuse. Änderungen erfolgten 1608 durch Anton Neuknecht und 1660 durch Matthias Tretzscher.

Von 1714 bis 1716 konstruierte Andreas Silbermann eine neue Orgel mit 39 Stimmen und verwendete einiges vom erhaltenen alten Pfeifenmaterial. Silbermann entfernte die Flügeltüren und ersetzte sie durch seitlich angebrachte Schnitzereien. 1833 und 1840 wurden Erweiterungen, 1870 Reparaturen sowie 1896 Änderungen durch Heinrich Johann Koulen vorgenommen, um die Orgel dem damaligen musikalischen Zeitgeschmack anzupassen. Die Fa. Edmond Alexandre Roethinger erneuerte 1934/35 das Werk und nahm 1958/59 eine gründliche Überholung desselben vor.

Jedoch mußte es 1981 einer neuen Orgel weichen, die Alfred Kern in das einzigartig schöne gotische Gehäuse von 1489 einfügte. Dabei wurden etwa 300 erhaltene Pfeifen Silbermanns übernommen.

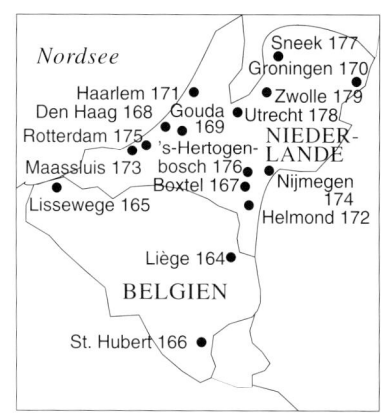

163 Notre-Dame-de-Nazareth
Curé de Valréas
8 Place Pie
F-84600 Valréas

Telefon: 90350259
Kontakt: Pierre Gleize (curé) oder Magali Molineau und Yvon Brahiĉ (organistes)
Öffnungszeiten: Winter 9-18 Uhr, Sommer 9-19 Uhr
Konzerte: ein oder zwei Konzerte im Sommer
Eintritt: unterschiedlich

Disposition:
Hauptwerk/I. Manual/12 Register
Positiv/II. Manual/8 Register
Pedal/5 Register
je Manual 54 Tasten, je Pedal 30 Tasten

Nach dem Bau einer ersten Orgel im Jahr 1506 durch Antoine Milani schuf Jean Duvivier ein Jahrhundert später, zwischen 1602 und 1614, ein einmanualiges Instrument. 1648 vergrößerte Pierre Valon das Hauptwerk auf zwei Register und um ein Positiv mit fünf Stimmen. 1667 entfernte Nicolas Beraud das Positiv, erweiterte den Hauptprospekt, fügte ein Pedal mit acht Tasten hinzu und ergänzte zwei Rossignols. 1723/24 erfolgte ein Wechsel des Standorts der Orgel auf eine neue Empore und eine Restaurierung durch Jean Eustache. Im 19. Jahrhundert erhielt das Instrument ein zweites, schwellbares Manual. Eine weitere Restaurierung erfolgte 1966 durch Ernst Muhleisen. Die klassisch-französische Orgel beeindruckt durch den Charme des provenzalischen Gehäuses.

BELGIEN

164 Église St-Jacques
B-4000 Liège (Lüttich)

Kontakt: Pierre Thimus, Rue du Limbourg 65, B-4000 Liège (Lüttich); Tel.: 041/263913
Öffnungszeiten: 8-12 Uhr und 14-19 Uhr
Konzerte: wegen Restaurierung zur Zeit keine

Die Große Orgel von 1600/02 in der Kirche St.-Jacques, Liège (164)

Disposition:
Große Orgel auf der Tribüne:
3 Manuale und Pedal/45 Register
Hauptwerk/17 Register
Positiv/12 Register
Récit/10 Register
Pedal/6 Register

In den Jahren 1600 bis 1602 wurden Instrument und Gehäuse (Erbauer unbekannt) in St-Jacques installiert. Der wundervolle Renaissanceprospekt aus Eichenholz, in blau und gold gehalten und mit vielfarbigen Reliefs verziert, präsentiert den Typ des »wallonischen Gehäuses«. Bis heute erfolgten immer wieder Änderungen und Erweiterungen, so zum Beispiel 1854 der Neubau eines Instruments durch Clerinx, von dessen Orgel noch ein Großteil erhalten ist. Seit Anfang 1994 läuft eine umfangreiche Restaurierung, die auch den Neubau eines Orgelinstruments unter Erhalt der historischen Substanz beinhaltet.
Eine zweite Orgel, die Chororgel stammt aus der Region Siegen/Oberwesterwald. Der Orgelbauer Günter Hardt aus Möttau erwarb sie in ruiniertem Zustand und verkaufte sie an den Beauftragten des Kirchenbaurates von St-Jacques. Die letzte Restaurierung wurde 1974 von der Fa. G. Hardt vorgenommen. Die Orgel hat ein Manual mit 49 Tasten, ein Pedal mit 18 Fußtasten und erklingt in einem hervorragend erhaltenen Gehäuse im deutschen Rokokostil des 18. Jahrhunderts.

165 **Onze Lieve Vrouw Bezoeking (Notre-Dame-Visitation) B-8380 Lissewege/ Brugge (Brügge)**

Kontakt: Willy Herregodts, Stationsstraat 23, B-8380 Lissewege/ Brugge (Brügge), Tel.: 050/544544; Spezialist der Orgel: Luc Lannoo, Joost de Damhouderstraat 8, B-8000 Brügge

Das erhaltene Eichengehäuse der ältesten Orgel in Lissewege (Brügge) mit neuem Werk befindet sich in der Kirche Onze Lieve Vrouw Bezoeking (165)

Öffnungszeiten: Oktober bis Februar 10.30-16 Uhr; März, April, September 10-17 Uhr; Mai bis August 10-18 Uhr
Konzerte: wieder ab Sommer 1994

Disposition:
Wegen Restaurierung der Orgel keine Angaben; ab Sommer 1994 ist das Instrument wieder bespielbar.

Boudewijn Ledou schuf 1651/52 die älteste Orgel im heutigen Großbrügge in einem prachtvoll geschnitzten Eichengehäuse des Lisseweger Künstlers Walram Romboudt. Nach einigen Reparaturen und Instandsetzungen erfolgte 1807/08 der Neubau eines Instruments durch Ch. van Peteghem und 1876/77 durch L.B. Hooghuys jeweils im Originalgehäuse. 1952 folgten die Erneuerung der Klaviatur und die Plazierung eines selbständigen Pedals in freier Aufstellung hinter dem Prospekt durch J. Loncke.

Seit 1993 wird die Orgel restauriert. An den Kosten der Renovierung beteiligt sich auch der amerikanische Ex-Senator William J. vanden Heuvel, dessen Mutter aus Lissewege stammt. Die Restaurierung wird durch die Loncke-Orgelbau BVBA. durchgeführt, die bemüht ist, originale Substanz zu erhalten sowie den Prospekt in alter Schönheit wiederherzustellen. Anläßlich des »Festivals von Flandern« im Sommer 1994, soll das Instrument mit einem Orgelkonzert wieder in Dienst genommen werden.

166 Basilique
Place de L'Abbaye
B-6870 Saint-Hubert

Kontakt: Abbé Guy Leemans, Curé-Doyen, Rue St-Gilles 56, B-6870 Saint-Hubert; Tel.: 061/611085
Öffnungszeiten: 9-18 Uhr
Konzerte: zur Zeit keine

Disposition:
3 Manuale und Pedal,
44 Register; die Orgel wird demnächst restauriert

Nach Fertigstellung der großen Empore durch Domherr Cyprien Mareschall, installierte Antoine Le Picard, ein aus Frankreich stammender Orgelbauer, dort eine Orgel von großer Qualität. Er konzipierte das Instrument mit 37 Registern auf drei Manualen und Pedal in französischem Stil mit einer Vielfalt von Mixturen und Zungenstimmen. Sie war die erste Orgel dieses Typs in Wallonien und damit auch die ungewöhnlichste. 1772 und 1842 erfolgten Reparaturen, 1934 Änderungen durch die Fa. Jules Anneessens, um durch den Einbau neuer Register das Werk dem Zeitgeschmack entsprechend zu romantisieren. Die Orgel wird demnächst restauriert, um das wundervolle Instrument der Nachwelt zu erhalten.

Basilique, Saint-Hubert:
Dreimanualige Orgel von Antoine Le Picard,
die eine Vielfalt von Mixturen und
Zungenstimmen aufweist (166)

NIEDERLANDE
(Karte siehe Seite 135)

167 St. Petruskerk
Duinendaal 2
NL-5281 AP Boxtel

Telefon: 04116/72215
Kontakt: Organist Jan Verhoeven, Moddermanstraat 3, NL-5344 HR Oss; Tel.: 04120/46876 oder 08866/2049
Öffnungszeiten: nur während der Gottesdienste
Konzerte: ja
Eintritt: ja

Disposition:
3 Manuale und Pedal/36 Register
Hauptwerk/10 Register
Positiv/10 Register
Echowerk/8 Register
Pedal/8 Register
Tonumfang Manuale C-f''';
Pedal C-d'

Schon im 15. Jahrhundert befand sich laut Urkunde eine Orgel in der spätgotischen Kreuzbasilika zu Boxtel. Nach einer 300jährigen bewegten Orgelgeschichte zerstörte im November 1800 ein schwerer Orkan Kirche und Orgel. Nach Wiederaufbau des Gotteshauses erstellte der Brabanter Orgelbauer Franciscus Cornelius Smits 1840 ein neues Instrument mit angehängtem Pedal. Der Prospekt wurde von dem Schreiner W. van der Eerden, das Schnitzwerk von Van Hool im für die Mitte des 19. Jahrhunderts ungewöhnlichen Stil des Barock geschaffen. 1956 erfolgte eine Restaurierung durch die Fa. Adema-Schreurs/Amsterdam unter Schonung der Smitsschen Substanz.
Viele Konzerte auf dieser außergewöhnlichen Orgel, unter anderem mit dem bekannten holländischen Organisten Jan Verhoeven, wurden mitgeschnitten und veröffentlicht. Leider bedarf das Instrument einer baldigen neuen Restaurierung.

168 Evangelisch-Lutherse Kerk
Lutherse Burgwal 7-9
NL-2512 CB Den Haag

Telefon: 070/3636610
Kontakt: Aart Bergwerff, Ozingastraat 78, NL-3195 SL Pernis Rt; Tel.: 010/4385328
Öffnungszeiten: Sonntag 10.15 Uhr Gottesdienst
Konzerte: April bis September: jeden zweiten Samstag 20.15 Uhr
Eintritt: unterschiedlich

Disposition:
3 Manuale und 1 Pedal/50 Register
Hauptwerk/I. Manual/14 Register
Rückwerk/II. Manual/9 Register
Oberwerk/III. Manual/10 Register
Schwellwerk/III. Manual/6 Register
Pedal/8 Register
Pedal Schwellwerk/3 Register
Tonumfang Manuale C-c''';
Pedal C-c'

Eines der größten Orgelmonumente Hollands: Die Orgel von Johann Heinrich Bätz in der ev.-luth. Kirche in Den Haag (168)

Johann Heinrich Bätz, Stammvater der berühmten holländischen Orgelbauerfamilie, schuf 1762 die fast ganz original erhaltene Barockorgel.

Sie erfuhr lediglich 1837 eine Änderung der Disposition durch Jonathan Bätz und erhielt 1921 von der Fa. A. Bik ein Schwellwerk hinzugefügt. Die Fa. A. Bik nahm 1948 nochmals eine geringfügige Änderung der Disposition vor.
Seit 1985 wird das Werk von der Flentrop-Orgelbau/Zaandam in Etappen restauriert, wobei die 1948 erfolgten Eingriffe rückgängig gemacht und sämtliche Register auf den Zustand von 1762 gebracht werden. Das Werk gehört zu den größten Orgelmonumenten des Landes.

(Farbige Abbildung siehe Seite 77)

St. Janskerk (Grote Kerk), Gouda: Orgel von Jacob François Moreau mit Barockgehäuse von Hendrik Carré (169)

169 St. Janskerk (Grote Kerk)
**Achter de Kerk 15
NL-2801 JX Gouda**

Telefon: 01820/12684
Kontakt: Organist Christiaan Ingelse, Wilhelm van Pruisenlaan 50, NL-2807 KB Gouda; Tel.: 01820/82056
Öffnungszeiten: April bis Oktober: Montag bis Samstag 9-17 Uhr; November bis März: Montag bis Samstag 10-16 Uhr; an Sonntagen: 10-17 Uhr Gottesdienste
Konzerte: April bis Mitte September: Mittwoch 20.15 Uhr; Juni bis August: Donnerstag 12.30 Uhr Touristenkonzerte

Disposition:
3 Manuale und Pedal/60 Register
Hauptwerk/I. Manual/13 Register
Rückpositiv/II. Manual/15 Register
Oberwerk/III. Manual/14 Register
Pedal/11 Register
Tonumfang Manuale C-d''';
Pedal C-e'

Die 1733/36 von dem Rotterdamer Jacob François Moreau erbaute Orgel ist ein außergewöhnlich schönes Instrument. Das Barockgehäuse mit 3856 Pfeifen stammt von Hendrik Carré/Den Haag. Bemerkenswert ist auch der kunstvoll gearbeitete, original erhaltene Spieltisch. Dieses großartige Orgelwerk ist nach über 250 Jahren in seiner historischen Substanz in sehr gutem Zustand. Eine letzte erfolgreiche Restaurierung wurde von 1958 bis 1960 von der Fa. Flentrop durchgeführt.

Ein zweites, in St. Jans befindliches Werk, die zweimanualige Chororgel mit 15 Stimmen, erbaute 1975 die Fa. Leeflang-Keyzer/Apeldoorn. Auch in der St. Janskerk finden – wie in vielen holländischen Kirchen – regelmäßig Orgelkonzerte mit Chören oder Orchesterbegleitung statt.

(Farbige Abbildung siehe Seite 75)

170

**Martinikerk
Stichting Schip Marti-
nikerk
Oosterweg 83
NL-9724 CG Groningen**

Telefon: 050/183636
Fax: 050/184103
Kontakt: siehe oben
Öffnungszeiten: Dienstag bis Samstag von 12-17 Uhr und auf Anfrage während der Saison von Ende Mai bis Anfang September
Konzerte: Jahresprogramme und auf Anfrage
Eintritt: ja, ersichtlich aus den Programmen

Disposition:
3 Manuale und Pedal/53 Register
Rückpositiv/16 Register
Hauptwerk/14 Register
Oberwerk/8 Register
Pedal/15 Register
Tonumfang Manuale C-c‴;
Pedal C, D-d′

In der Chronik der Martinikerk wird über den Bau einer ersten großen Orgel im Jahr 1450 berichtet, die 1482 umgebaut und vergrößert wurde, wahrscheinlich von Meister Johan aus Appingedam in Zusammenarbeit mit dem berühmten Humanisten Rudolphus Agricola als Berater. 1542 erfolgte eine Erweiterung und Umgestaltung im Renaissancestil. Diese Jahreszahl erscheint am Prospekt.
1691 untersuchte Arp Schnitger die Orgel und führte bis 1692 Reparaturen der alten Teile sowie Änderungen und Ergänzungen an dem Werk durch, indem er unter anderem auch zwei neue Pedaltürme mit Prinzipal 32′ erstellte. Von 1728 bis 1730 wurden von Franz Caspar, Sohn Arp Schnitgers, ein neues Rückpositiv mit Gehäuse, eine neue Spielanlage und Erweiterung der Disposition geschaffen. Bis 1939 erfolgten Umbauten und Erweiterungen durch verschiedene Orgelbaufirmen, die das Instrument im Laufe der Zeit völlig entstellten.

Anläßlich einer Kirchenrenovierung Anfang der siebziger Jahre beauftragte man die Fa. Jürgen Ahrend/Leer-Loga mit einer integralen Restaurierung und Rekonstruktion auf höchster Ebene zur Wiederherstellung des alten Klangbildes und somit Rückführung auf den historischen Zustand von 1740, als die Orgel den Höhepunkt ihrer Entwicklung erreicht hatte und als eines der schönsten Instrumente der Niederlande galt.

Die Restaurierung erfolgte in zwei Etappen, 1975/76 und 1983/84. Sie wurde von Jürgen Ahrend beispielhaft ausgeführt, so daß mit der Martini-Orgel wieder eines der größten und schönsten der noch existierenden Instrumente des Norddeutschen Barocks erhalten ist. Der wundervolle Klangreichtum der einzelnen Register wird von Pfeifen aus fünf Jahrhunderten produziert.

171

**St. Bavo Kerk (Grote
Kerk)
Oude Groenmarkt 23
NL-2011 HL Haarlem**

Kontakt: Frau E.L.S. Hendrikse, Stichting International, Orgelconcours, Postbus 3333, NL-2001 DH Haarlem
Öffnungszeiten: 10-16 Uhr
Konzerte: 15. Mai bis 15. Oktober: Dienstag 20.15-21.15 Uhr; Juli/August: auch Donnerstag 15-16 Uhr
Eintritt: frei

Disposition:
3 Manuale und Pedal/62 Register
Hauptwerk/I. Manual/17 Register
Oberwerk/II. Manual/15 Register
Rückpositiv/III. Manual/14 Register
Pedal/16 Register
Tonumfang Manuale C-d‴;
Pedal C-f′

1738 vollendete Christian Müller/Amsterdam die Orgel mit 60 Registern auf drei Manualen im Prospekt des Bildhauers Jan van Logteren.

Martinikerk, Groningen:
Schnitger-Orgel nach erfolgreicher Restaurierung (1984)
durch Jürgen Ahrend (170)

Das Werk kam rasch zu großem Ruhm, Händel und der zehnjährige Mozart spielten auf ihm. Nahezu 125 Jahre blieb die Orgel unverändert, bis 1866 C. F. G. Witte/Utrecht sie technisch und mechanisch überholte, klanglich und in der Disposition veränderte, um sie dem musikalischen Geschmack der damaligen Zeit anzupassen. Nach einer Renovierung im Jahre 1904 folgte schließlich eine große Restaurierung von 1959 bis 1961 durch die Fa. Marcussen & Sohn aus Dänemark, die das Klangbild und die Disposition von Müller wiederherstellte.

Der imposante Prospekt von etwa 23 Meter Höhe wurde unter anderem neu vergoldet. Die berühmte Müller-Orgel ist Garant für rege musikalische Aktivität in St. Bavo. Die Konzerte mit den Organisten Haarlems und namhaften Künstlern aus aller Welt erfreuen sich großer Beliebtheit im In- und Ausland.

(Farbige Abbildung siehe Seite 87)

Guillaume Robustelly aus Lüttich vollendete 1772 den Bau der Orgel für die Abteikirche von Averbode in Belgien. Nach Auflösung der Abtei und Demontage der Orgel, die in Kisten gelagert wurde, erwarb 1822 der Kirchenvorstand von St. Lambertus in Helmond das Werk. Der Orgelbaumeister Arnold Graindorge/Lüttich baute das Instrument mit nur geringfügigen Änderungen in St. Lambertus wieder auf.

1862 nahm Orgelbauer F. C. Smits tiefgreifende Umbauten an dem Werk vor, indem er Echo und Récit durch ein Brustwerk ersetzte und ein freies Pedal und neue Stimmen hinzufügte.

Eine Renovierung 1954 sollte der Orgel eine deutlich barocke Charakteristik verleihen. 1975/76 erfolgte eine vollständige Restaurierung durch die Fa. Verschueren/Heythuysen, die das Hauptwerk und Positiv auf den Zustand von 1772 zurückführte und Brustwerk und Pedal nach Smits rekonstruierte.

172 St. Lambertuskerk Pastorie-Parochie-Centrum Bakelsedijk 36 NL-5701 HC Helmond

Telefon: 04920/22109
Kontakt: Organist Jan van de Laar, Clemensstraat 14, NL-5707 JT Helmond; Tel.: 04920/33294
Öffnungszeiten: 9-17 Uhr, sonntags 10-12.30 Uhr
Konzerte: April bis Oktober: Sonntagmittag oder Dienstagabend; Lunchpausenkonzerte 12.45-13.15 Uhr
Eintritt: ja, Lunchpausenkonzerte frei

Disposition:
3 Manuale und Pedal/46 Register
Hauptwerk/I. Manual/16 Register
Positiv/II. Manual/12 Register
Echowerk/III. Manual/8 Register
Pedal/10 Register

Robustelly-Orgel von 1771 in der St. Lambertuskerk, Helmond (172)

173 Nieuwe Kerk (Grote Kerk)
Centrale Kerkvoogdy Secretaris P. Bouterse, Postbus 186 NL-3140 AD Maassluis

Telefon: 01899/23417
Kontakt: Organist Jaap Kroonenburg, Waven 9, NL-3143 BB Maassluis; Tel.: 01899/10452; Küster A. J. Wassink, Scheerdery 2, NL-3142 JC Maassluis; Tel.: 01899/19656
Öffnungszeiten: auf Wunsch
Konzerte: April bis Mitte Oktober: 14tägig samstags 20.15 Uhr
Eintritt: ja

Disposition:
3 Manuale und Pedal/47 Register
Hauptwerk/12 Register
Oberwerk/14 Register
Rückpositiv/11 Register
Pedal/10 Register

Nieuwe Kerk (Grote Kerk), Maassluis: Orgel von Rudolf Garrels, Gehäuse von Daniel de Vries (173)

Die Orgel wurde zwischen 1730 und 1732 von Rudolf Garrels erbaut, einem gebürtigen Deutschen und ehemaligen Gesellen Arp Schnitgers. Seine ersten Werke in den Niederlanden entstanden noch in Schnitgerscher Tradition, während seine späteren Orgeln eine Synthese deutscher und niederländischer Orgelbaukunst aufzeigen, wie auch das Instrument in der Groten Kerk in Maassluis.
Der Schreiner Daniel de Vries schuf das Gehäuse, dessen Struktur der neunteiligen Front sich zwar an Schnitger anlehnt, dessen senkrechte – statt der norddeutschen waagerechten – Akzentuierung aber die niederländische Tradition verrät. In den folgenden 250 Jahren fanden mehr oder weniger tiefgreifende Änderungen am Instrument statt.

Die letzte Restaurierung erfolgte 1975 durch die Fa. Pels & van Leeuwen, die den Zustand des Werkes von 1732 leider nicht wiederherstellen konnte, sondern die Orgel auf den Stand einer von Jonathan Bätz 1840 vorgenommenen Renovierung zurückführte. Historisches Material wurde ausgebessert und Fehlendes rekonstruiert, so daß die Orgel heute über ein farbenreiches Klangbild und einen in seiner historischen Substanz gut erhaltenen Prospekt verfügt.

(Farbige Abbildung siehe Einband Rückseite)

174 St. Stevenskerk (Grote Kerk)
Kerkboog 2 NL-6511 VX Nijmegen

Telefon: 080/233859
Kontakt: Organisten J. Podt und J. Welmers, Küster H. Nyssen, Telefon siehe oben
Öffnungszeiten: 12.30-17.30 Uhr
Konzerte: Juni bis September: Dienstag 20.30 Uhr; Sommerfestwoche im Juni
Eintritt: ja

Disposition:
3 Manuale und Pedal/54 Register
Rückpositiv/I. Manual/14 Register
Hauptwerk/II. Manual/13 Register
Oberwerk/III. Manual/15 Register
Pedal/12 Register
Tonumfang Manuale C-f''';
Pedal C-d'

Die Orgel im prächtigen Barockgehäuse gehört zu den größten und
schönsten in Holland. Sie wurde
1776 von dem Kölner Orgelbauer
Christian Ludwig König geschaffen.
Auf ihr haben große Organisten gespielt, so auch Albert Schweitzer.
Außer dieser Orgel befinden sich in
der St. Stevenskerk noch drei kleinere Werke. In der Nordkapelle
steht die Clerinck-Orgel von 1860,
zweimanualig mit zwölf Registern
und aparter Renaissancefront. In
der Südkapelle befindet sich die von
1725 bis 1740 von Pieter van Assen-
delft erbaute einmanualige Orgel
mit fünf Registern. Die Ardennen-
Orgel wurde von 1690 bis 1710 (Erbauer unbekannt) mit zehn Registern und angehängtem Pedal im
Chor aufgestellt.
Alle vier Orgeln sind restauriert und
in gutem historischen Zustand. Die
große König-Orgel, die Ardennen-
Orgel und van-Assendelft-Orgel ge-
hören zu den holländischen Reichs-
monumenten.

175 Concert- en congres-gebouw »de Doelen« grote zaal
Schouwburgplein 50
NL-3012 CL Rotterdam

Telefon: 010/2171700
Fax: 010/2130913
Kontakt: H. van Dael
Öffnungszeiten: »de Doelen« ist ein
Haus für die Öffentlichkeit, es fin-
den ständig zu verschiedenen Zeiten
Veranstaltungen statt
Konzerte: Konzerte aus Programm
ersichtlich
Eintritt: unterschiedlich

Disposition:
4 Manuale/1 großes und 1 kleines Pe-
dal/70 Register
Positiv/I. Manual/9 Register
Rechtes Werk/II. Manual/12 Regi-
ster
Linkes Werk/III. Manual/15 Regi-
ster
Oberwerk/IV. Manual/14 Register
Großes Pedal/16 Register
Kleines Pedal/4 Register

D. A. Flentrop erbaute 1968 im Con-
certgebouw »de Doelen« in Rotterdam diese Orgel der Superlative.
Nicht nur die Dimensionen geben
dem Werk seinen speziellen Charakter, sondern auch die Möglichkeiten
sowohl für Soloperformances als
auch für das Zusammenspiel mit
modernen Symphonieorchestern
machen es zu einem besonderen Instrument.
Die horizontal weit ausladende For-
mation der riesigen Pfeifen mit den
trotzig herausragenden »Spanischen
Trompeten« ist von einzigartiger
Eleganz.
Diese Orgel ist in Konstruktion und
Klang ein Werk des 20. Jahrhunderts.

*St. Stevenskerk (Grote Kerk), Nijme-
gen: König-Orgel von 1776 (174)*

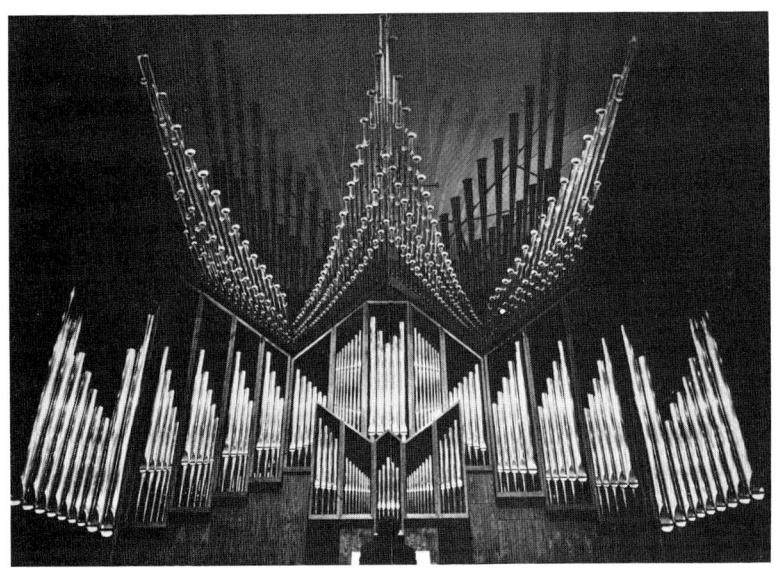

Concert- en congresgebouw »de Doelen«,
Rotterdam: 1968 von D. A. Flentrop
erbaute Orgel (175)

176

St. Jans Kathedraal
Pastorie
Choorstraat 1
NL-5211 KZ 's-Herto-
genbosch

Telefon: 073/130314 (oder 144170)
Kontakt: Organist Maurice Pirenne,
Eikenlaan 1, NL-5248 BD Rosma-
len; Tel.: 04192/13498
Öffnungszeiten: Sommer 9-17 Uhr,
Winter 9-16.30 Uhr
Konzerte: Von Juni bis Mitte September: Samstag 15.30-16 Uhr (Eintritt frei); im Sommer acht Konzerte
dienstags 20-21 Uhr (Eintritt: unterschiedlich)

Disposition:
3 Manuale und Pedal/48 Register
Rückpositiv/I. Manual/12 Register
Hauptwerk/II. Manual/11 Register
Oberwerk/III. Manual/15 Register
Pedal/10 Register
Tonumfang Manuale C-f''';
Pedal C-f'

Das großartige, weltberühmte Renaissancegehäuse in Sint-Jan schufen 1617 der Schreiner Frans Si-
monsz und der Bildhauer Georg
Schysler. Das Instrument mit 37 Registern konstruierte Florentius Hoc-
que, ein Meister des Brabanter Orgelbaus.

1787 erfolgte ein völliger Umbau unter Erhalt der alten Labialpfeifen
durch A. G. F. Heyneman. 1897 und
1953 wurden weitere Änderungen
wie Pneumatisierung und Elektrifi-
zierung vorgenommen, jedoch stets
unter Erhalt des historischen Pfeifenmaterials.

1984 nahm die Fa. Flentrop/Zaan-
dam eine gründliche Restaurierung
mit Rekonstruktion in den Heyne-
man-Zustand von 1787 vor.

177 Martinikerk (Grote Kerk)
Grote Kerkstraat 9
NL-8601 ED Sneek

Kontakt: Kerkelijk bureau Hervormde Gemeente, Jan van Nassaustraat 49B, NL-8606 BA Sneek; Tel.: 05150/12773; D. S. Donker, H. Mensonidesstraat 13, NL-8625 HN Oppenhuizen
Öffnungszeiten: Sommer 14.30-17 Uhr
Konzerte: Sommer: Montag 20 Uhr
Eintritt: ja

Disposition:
3 Manuale und Pedal/38 Register
Hauptwerk/11 Register
Rückpositiv/8 Register
Schwellwerk/11 Register
Pedal/8 Register

Martinikerk (Grote Kerk), Sneek: Chororgel, von J. L. van den Heuvel 1985 erbaut (177)

Arp Schnitger schuf 1711 die Orgel in St. Martini. 1897 erfuhr das Werk einen durchgreifenden Umbau von Lambertus van Dam, der ihm eine romantische Charakteristik verlieh, indem er das Rückpositiv bis auf seine Fassade entfernte und anstelle des Brustwerks ein großes Schwellwerk hinzufügte. Trotzdem blieben im Hauptwerk und Pedal die Windladen und ein beachtlicher Teil des Pfeifenwerks von Schnitger erhalten.
In den Jahren 1986 bis 1988 erfolgte eine Restaurierung durch die Fa. Bakker/Timmenga-Leeuwarden.
Das Konzept war umstritten, da eine Rückführung auf den Schnitgerschen Zustand von 1711 den Verlust der hochwertigen historischen Substanz des van Damschen Werkes von 1897 bedeutet hätte. Man einigte sich auf die Rückführung von Hauptwerk, Schwellwerk und Pedal auf 1897 und ein neues Rückpositiv mit der vorhandenen Schnitger-Substanz. Diese sogenannte Schnitger-van-Dam-Orgel gilt als romantisches Werk mit einigen barocken Merkmalen.
In der Martinikerk befindet sich noch eine Chororgel, die 1985 von J. L. van den Heuvel nach einem Entwurf des französischen Orgelbaumeisters Aristide Cavaillé-Coll konzipiert wurde. Das Instrument hat sieben Stimmen auf einem Manual und Pedal und ist – wie das Gehäuse aus massiver gewachster Eiche – in allen Details im Stil Cavaillé-Colls gefertigt.

178 Domkerk
Achter de Dom
NL-3512 JN Utrecht

Telefon: 030/310403
Kontakt: Domorganist Jan Jansen, Adresse siehe oben
Öffnungszeiten: 11-18 Uhr
Konzerte: jeden Sonnabend 15.30 Uhr
Eintritt: frei

häuse wurde anläßlich einer Renovierung 1865 mit Eichenimitat verkleidet.

Nach weiteren Änderungen in den Jahren 1895, 1911 und 1935 führte die Fa. Gebrüder van Vulpen 1975 eine gründliche Restaurierung durch, wobei auch das wunderschöne Orgelgehäuse seine ursprüngliche weiße Farbe zurückerhielt. Von den 3698 Pfeifen sind 1013 aus dem Instrument von 1571 erhalten.

In der Domkirche befindet sich noch eine 1796 von Gideon Thomas Bätz geschaffene einmanualige Kabinettorgel mit sechs Stimmen, welche die Flentrop-Orgelbau 1965 renovierte.

Bätz-Orgel von 1831 in der Domkirche von Utrecht (178)

179 St. Michaelskerk (Grote Kerk)
Bureau Hervormde Gemeente
Kamperstraat 10
NL-8011 LM Zwolle

Disposition:
3 Manuale und Pedal/50 Register
Hauptwerk/13 Register
Rückwerk/13 Register
Oberwerk/13 Register
Pedal/11 Register
Tonumfang Manuale C-f′′′;
Pedal C-d′

Die Geschichte der gegenwärtigen Hauptorgel in der Domkirche beginnt schon im 16. Jahrhundert, als der Utrechter Orgelbauer Peter Jansz 1571 dort ein dreimanualiges Werk mit Pedal und 20 Registern aufstellte. 1831 erbauten Johan und Jonathan Bätz ein neues Instrument, wobei eine große Anzahl Register von der Vorgängerorgel übernommen wurden.

Den Entwurf für ein neues Gehäuse fertigte der Architekt Tieleman Franciscus Suys an, Mitglied der königlichen Akademie für Bildende Kunst in Amsterdam. Dieses sehr edel und klar gestaltete, weiße Ge-

Telefon: 038/217596
Kontakt: Organist Lucas Lindeboom, Ter Pelkwijkstraat 8, NL-8011 SE Zwolle; Tel.: 038/216282
Öffnungszeiten: Mittwoch 10-16 Uhr, Freitag 10-13 Uhr, Samstag 14-16 Uhr, Sonntag 10 Uhr Gottesdienst
Konzerte: Juli/August: Mittwoch 20 Uhr (mit Eintritt); Juli/August: Freitag 12-12.30 Uhr (Eintritt frei)

Disposition:
4 Manuale und Pedal/64 Register
Hauptwerk/14 Register
Rückwerk/12 Register
Oberpositiv/14 Register
Brustwerk/12 Register
Pedal/12 Register

Nach einem Entwurf Arp Schnitgers erbauten seine Söhne Franz Caspar und Johann Georg 1718 bis 1721 das wundervolle Orgelwerk mit 4000 Pfeifen in einem mit reich geschnitztem Dekor versehenen Gehäuse.

Schnitger-Orgel von 1718/21 in der St. Michaelskerk (Grote Kerk) in Zwolle (179)

Umbauten erfolgten 1883 durch van Oeckelen, 1910 durch Proper und 1925 durch van Dam. Die Fa. Flentrop-Orgelbau nahm von 1953 bis 1956 eine Restaurierung und Rekonstruktion vor, die das Werk auf einen guten historischen Zustand zurückführte.

GROSSBRITANNIEN

180 King's College Chapel Central
GB-Cambridge CB 2 IST

Telefon: 0223/331250
Fax: 0223/314019
Kontakt: John Boulter, Chapel Administrator, Adresse und Telefon siehe oben
Öffnungszeiten: 9.30-15.30 Uhr
Konzerte: Januar bis Juni und Oktober/November: Samstag 18.30-19.15 Uhr (Bestätigung telefonisch einholen)
Eintritt: frei

Disposition:
4 Manuale und Pedal/79 Register
Hauptwerk/15 Register
Schwellwerk/15 Register
Chorwerk/16 Register
Solowerk/11 Register
Pedal/22 Register

Thomas Dallam erbaute 1606 die Orgel, deren Hauptgehäuse aus der gleichen Zeit zu stammen scheint. Lancelot Peace fügte 1661 ein Positiv mit Gehäuse hinzu.
Änderungen und Erweiterungen folgten durch Thomas Thamar 1673 und 1677, Renatus Harris 1686 bis 1688, John Avery 1803 bis 1805 und William Hill, der 1889 das Werk mit einem vierten Manual ausstattete. 1934 erneuerte die Fa. Harrison &

King's College Chapel, Cambridge: Orgel von Thomas Dallam mit elfenbeinfarbenen Pfeifen (180)

Disposition:
3 Manuale und Pedal/42 Register
Hauptwerk/12 Register
Rückpositiv/10 Register
Schwellwerk/11 Register
Pedal/9 Register

Father Bernard Smith erbaute 1708 die Orgel in Trinity College Chapel unter Übernahme des 1694 von ihm in die Vorgängerorgel (Thomas Thamar) integrierten Rückpositivs. Sir Arthur Blomfield nahm 1870 Änderungen an dem Werk vor, indem er den Seiten des Hauptprospekts zwei neue Pfeifentürme hinzufügte. Einer Renovierung 1912/13 durch die Fa. Harrison & Harrison folgte 1975/76 der Neubau eines Instruments in das restaurierte historische Gehäuse durch die Fa. Metzler-Orgelbau/Zürich. In den 24 Registern der neuen Orgel sind noch sieben Stimmen von Father Smith erhalten.

Harrison die Orgel unter Wiederverwendung des Hillschen Pfeifenmaterials. Nach weiteren Renovierungsarbeiten von Harrison & Harrison 1950 und 1968 fand die letzte erfolgreiche Restaurierung 1992 statt. King's College Chapel wird wieder vom exzellenten Klang ihres wundervollen Instruments erfüllt, das mit den elfenbeinfarben schimmernden Pfeifen im dunkeleichenen Prospekt untergebracht ist.

181 Trinity College Chapel GB-Cambridge CB 2 ITQ

Telefon: 0223/338400
Fax: 0223/338564
Kontakt: Organist D. R. K. Marlow
Öffnungszeiten: 9-18.30 Uhr
Konzerte: zu unterschiedlichen Zeiten

182 St. Gile's Cathedral High Street GB-Edinburgh EHI IRE

Telefon: 031/2254363
Kontakt: Organist Herrick Bunney, 3 Upper Coltbridge Terrace, GB-Edinburgh EH 126 AD; Tel.: 031/3376494
Öffnungszeiten: Mai bis September 9-19 Uhr, Oktober bis April 9-17 Uhr
Konzerte: Sonntag 18 Uhr
Eintritt: frei

Disposition:
3 Manuale und Pedal/57 Register
Positiv/I. Manual/11 Register
Hauptwerk/II. Manual/14 Register
Schwellwerk/III. Manual/18 Register
Pedal/14 Register
Tonumfang Manuale C-a''';
Pedal C-f'

Eine 1878 von Harrison & Harrison erbaute und von Ingram of London später erweiterte Orgel befand sich 1939/40 in desolatem Zustand und wurde von der Fa. Henry Willis restauriert, rekonstruiert und um einige Register auf 79 Stimmen (4 Manuale) vergrößert. Das Instrument wurde von international anerkannten Organisten wie Germani, Demessieux und dem Meister der Orgelimprovisation, Marcel Dupré, gespielt. Ab 1970 zeigten sich alarmierende Verschlechterungen in der Mechanik und Elektrik, und im Laufe der Jahre wurde die Orgel unspielbar.

Seit 1992 befindet sich das völlig neue, von der renommierten Fa. Rieger/Österreich konstruierte Orgelwerk in der St. Gile's Cathedral. Das Gehäuse aus rot lackierter französischer Eiche, ohne jeden Anspruch auf historische Stilimitation, modern gestaltet und mit glänzend polierten Zinnpfeifen ausgestattet, beeindruckt durch schlichte, schnörkellose Eleganz. Das technisch und klanglich perfekt konzipierte Instrument ist in seiner strahlenden Brillanz und herrlichen Dynamik ein Juwel der Orgelbaukunst des ausgehenden 20. Jahrhunderts.

(Farbige Abbildung siehe Seite 88)

183 Cathedral
GB-Glasgow, G4 ORH
Scotland

Kontakt: The Society of Friends of Glasgow Cathedral, Cathedral Centre, 2 Castle Street, GB-Glasgow, G4 ORH Scotland; Tel.: 041/5528198
Öffnungszeiten: April bis September 9.30-13 Uhr und 14-18 Uhr, Oktober bis März 9.30-13 Uhr und 14-16 Uhr; Sonntag 14-16 Uhr
Konzerte: nicht regelmäßig

Disposition:
4 Manuale und Pedal/67 Register
Hauptwerk/14 Register
Schwellwerk/13 Register
Chorwerk/14 Register
Positiv/10 Register
Pedal/16 Register

Die dreimanualige, von Father Willis geschaffene Orgel wurde am 13. April 1879 von dem Organisten A. L. Peace der Öffentlichkeit vorgestellt. Das Werk war so beeindruckend, daß Father Willis mit dem Bau weiterer Orgeln für Glasgow beauftragt wurde.

1903 erfolgte die Erweiterung auf ein viertes Manual sowie die Umstellung der Blasebälge von hydraulischem auf elektrischen Antrieb.

1931 wurde ein elektrischer Spieltisch aufgestellt.

1970/71 führte die Fa. J. W. Walker & Sons eine umfangreiche Restaurierung mit Neubau eines Positivs sowie Änderung des Chor- und Solowerks durch. Haupt- und Schwellwerk sind in ihrer historischen Substanz von 1879 erhalten. Eine erneute Überholung der klangstarken Orgel in der prachtvollen Kathedrale wäre erforderlich.

184 Cathedral
17 College Green
GB-Gloucester GL 1
2 LR Gloucestershire

Telefon: 0452/528095
Kontakt: Organist David Briggs, 7 Millers Green, GB-Gloucester GL 1/2 BN
Öffnungszeiten: 8-18 Uhr
Konzerte: keine regulären

Disposition:
4 Manuale und Pedal/55 Register
Hauptwerk/15 Register
Chorwerk/8 Register
Schwellwerk/14 Register
Westpositiv/7 Register
Pedal/11 Register

Thomas Harris, Vater des später noch berühmteren Orgelbauers Renatus Harris, vollendete 1666 den Bau eines Instruments unter Verwendung einiger Pfeifen der Vorgängerorgel, deren Erbauer unbekannt ist. Die wunderschönen Bemalungen der Frontpfeifen schuf der einheimische Künstler John Campion.

Gloucester Cathedral: 1666 von Thomas Harris erbaute Orgel mit Bemalung von John Campion (184)

Auf der Westseite des Gehäuses sind die Krönungsinitialen Charles II. »CR« (Carolus Rex), auf der Ostseite die Wappen des Duke of York und des Earl of Charendon eingelassen.

Verschiedene berühmte Orgelbauer wie Father Smith, Bishop und Snetzler nahmen Änderungen an dem Werk vor, jedoch erfolgten erst 1888 und 1898 gründliche Wiederherstellungen durch Father Willis. 1920 modernisierte die Fa. Harrison & Harrison die Orgel dem Zeitgeschmack entsprechend in orchestral romantischem Klangstil. Eine umfangreiche Restaurierung erfolgte 1970 durch William Hill & Son und Ralph Downes als Designer, durch die das Instrument auf seinen ursprünglichen traditionellen Klang zurückgeführt wurde und das Gehäuse weitgehend seine originalen Konturen zurückerhielt. Die prachtvolle Orgel erfüllt seitdem ihre Funktion als Kirchen- und Konzertorgel gleichermaßen.

185 St. James's Church Piccadilly
197 Piccadilly
GB-London – W1V – 9 LF

Telefon: 0717344511
Kontakt: Reverend Donald Reeves, Adresse und Telefon siehe oben
Öffnungszeiten: 8-22 Uhr
Konzerte: ja, ständig Veranstaltungen (siehe Tagespresse)

Zur Zeit ist eine vorübergehend installierte elektrische Orgel vorhanden.

König James II. beauftragte 1685 den berühmten britischen Orgelbauer Renatus Harris, eine Orgel für seine »Roman Catholic Chapel« im königlichen Palast in Whitehall zu bauen. Königin Mary schenkte das Instrument der St. James's Church, wo Father Bernard Smith sie 1691 installierte. Auf diese Weise ist das Werk mit den Namen der zwei größten Orgelbauer Großbritanniens des 17. Jahrhunderts verbunden. Henry Purcell spielte auf dem Instrument, das ursprünglich drei Manuale (Haupt-, Schwell- und Echowerk) mit 20 Registern und 123 Tasten besaß.

Über drei Jahrhunderte erfuhr die Orgel Umbauten, Erweiterungen und Reparaturen, zuletzt 1954 durch die Fa. Rothwell. Seit 1974 ist das Instrument in dem historischen Gehäuse mit den wundervoll geschnitzten Figuren von Grinling Gibbons unspielbar.

Die sehr bekannte und beliebte Londoner Kirche verfügt über ein ausreichendes Budget, um die »Schönen Künste« (Musik, Malerei, Bildhauerei usw.) mit vielfältigen Veranstaltungen in ihren altehrwürdigen Mauern zu fördern und zu unterstützen.

186 St. Stephen
GB-Old Radnor
Presteigne Powys – Wales

Kontakt: Reverend Prebendary H.D.G. Jenkyns, Vicarage, GB-Kington / Herefordshire HR5 3 AG
Öffnungszeiten: 9-18.30 Uhr
Konzerte: August/September: Presteigne Festival
Eintritt: ja

Disposition:
2 Manuale (Haupt- und Schwellwerk)
und Pedal/15 Register

Ein außergewöhnliches Werk ist das aus der ersten Hälfte des 16. Jahrhunderts stammende, älteste erhaltene Orgelgehäuse Großbritanniens. Es ist anzunehmen, daß sich der Prospekt einst in der Kathedrale von Worcester befand, da ein Glasfenster im dortigen Kreuzgang das Bild der Orgel zeigt. Vermutlich

St. Stephen, Old Radnor: Das älteste erhaltene Orgelgehäuse Großbritanniens (186)

mußte sie einem größeren Instrument weichen und wurde nach St. Stephen in Radnor übertragen. In das Gehäuse, das ganz im Zeichen des Übergangs von der Gotik zur Renaissance steht, wurde während einer 1872 ausgeführten Restaurierung ein von J.W. Walker konstruiertes Instrument eingebaut.

187 Christ Church Cathedral
GB-Oxford/Oxfordshire

Telefon: 0865/276154
Kontakt: Organist Stephen Darlington
Öffnungszeiten: Montag bis Samstag 9-17 Uhr, Sonntag 12.30-17 Uhr
Konzerte: gelegentlich; Orgelvorführungen

Disposition:
4 Manuale und Pedal/43 Register
Positiv/I. Manual/9 Register
Hauptwerk/II. Manual/11 Register
Schwellwerk/III. Manual/11 Register
Bombarde/IV. Manual/3 Register
Pedal/9 Register

Die erste große Orgel erbaute Father Bernard Smith in den Jahren 1680 bis 1685 mit 13 Registern auf zwei Manualen (ohne Pedal). 1825 und 1874 wurden Änderungen und Erweiterungen vorgenommen, auf die 1883/84 eine gründliche Restaurierung durch Henry Willis I. folgte, der unter anderem ein Solowerk hinzufügte. 1922 erstellte die Fa. Harrison & Harrison einen neuen Spieltisch und modernisierte die Pneumatik.
Die Smith-Orgel mußte allerdings 1978/79 einem völlig neuen Instrument von der Fa. Rieger-Orgelbau/Österreich weichen. Der Prospekt mit den 3300 Pfeifen wurde jedoch weitgehend im Originalzustand von 1685 erhalten, indem man ihn behutsam rekonstruierte und das schöne Holzschnitzwerk geschickt wieder in den Korpus einfügte. Tasten und Registerzüge sind aus mit Elfenbein eingelegtem Ebenholz.

188 Cathedral Church of the Blessed Virgin Mary
5 The Close
GB-Salisbury/Wilts SPI 2EF

Telefon: 0722/336828
Fax: 0722/323569
Kontakt: Organist R. G. Seal,
Adresse und Telefon siehe oben
Öffnungszeiten: 7.45-18.30 Uhr, im Sommer 7.45-20.15 Uhr
Konzerte: im Sommer an bestimmten Tagen, zumeist mittwochs
Eintritt: ja, unterschiedlich

Disposition:
4 Manuale und Pedal/65 Register
Hauptwerk/14 Register
Schwellwerk/14 Register
Chorwerk/12 Register
Solowerk/9 Register
Pedal/16 Register

Nachweislich existierten bereits seit 1480 Orgeln in der Kathedrale von Salisbury. Die erste große Orgel war ein Meisterwerk des berühmten Renatus Harris, der sie 1710 schuf. Mit vier Manualen war sie die größte Orgel Großbritanniens, die auch Händel während eines Besuchs dazu verleitete, auf ihr zu musizieren.
Als die Kathedrale wegen umfangreicher Reparaturarbeiten ab 1789 für fast drei Jahre geschlossen wurde, beauftragte König Georg III. seinen bevorzugten Orgelbauer Samuel Green mit dem Neubau eines Instruments, welches Dr. Dupuis, königlicher Organist, 1792 einweihte. Diese Orgel befand sich bis 1877 in der Kathedrale und wurde dann der St. Thomas Church in Salisbury geschenkt, wo sie heute noch zu besichtigen ist.
Der berühmte Father Willis erbaute 1876 die jetzige Orgel, die seinerzeit von Sir F. A. G. Ouseley, Prof. für Musik in Oxford, und Dr. Stainer, Organist in St. Paul's, als bestes Instrument Englands gelobt wurde. 1934 wurde das Werk durch Sir Walter Alcock restauriert und mit einem neuen Spieltisch ausgestattet. 1971

erfolgte eine Instandsetzung durch N. P. Mander. Eine Generalüberholung mit Modernisierung der technischen und elektrischen Teile führte 1978 die Fa. Harrison & Harrison/ Durham durch, die seitdem das Instrument ständig betreut.
Bei all diesen Reparaturen und Ergänzungen wurde die charakteristische Struktur der Willis-Orgel nie verändert, so daß ihre besondere, strahlende Klangfülle erhalten blieb. Die elegante Konstruktion des Gehäuses fügt sich harmonisch in die Architektur der stilechtesten Kathedrale frühenglischer Gotik im neuen »Sarum«.
(Zeichnung siehe Seite 6)

189 College Chapel and School Hall
Eton College
GB-Windsor Berkshire SL4 6DW

Telefon: 0753/671004
Kontakt: Organist Alastair Sampson
Öffnungszeiten: auf Anfrage
Konzerte: interne Konzerte (auch für Publikum freier Eintritt); sonstige Konzerte telefonische Auskunft einholen (evtl. mit Eintritt)

Dispositionen:
College Chapel Orgel:
4 Manuale und Pedal/55 Register
Hauptwerk/13 Register
Chorwerk/7 Register
Solowerk/10 Register
Schwellwerk/13 Register
Pedal/12 Register

Holländische Orgel (School Hall):
2 Manuale und Pedal/21 Register
Hauptwerk/10 Register
Rückpositiv/6 Register
Pedal/5 Register

Die prachtvolle große College Chapel Orgel erbaute Dr. Arthur George Hill 1886 in dem imposanten, mit herrlichem Dekor versehenen 32'-Prospekt von J. L. Pearson. Hill nahm 1902 Erweiterungen und Än-

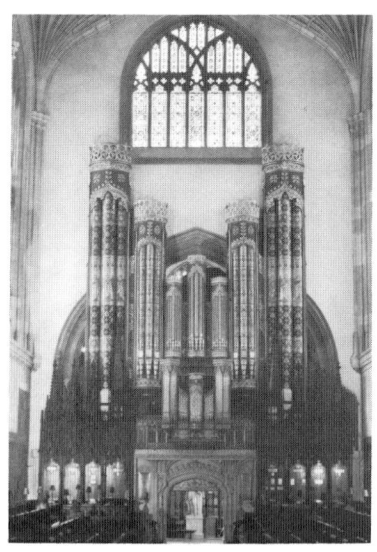

Die Orgel in der College Chapel, Windsor, wurde 1886 von Dr. Arthur Georg Hill erbaut (189)

derungen seines Instruments vor. Anläßlich der letzten Restaurierung 1987 durch N. P. Mander, wurde die Orgel auf den Hillschen Zustand von 1886 und 1902 zurückgeführt. Die historische Substanz ist hervorragend, die Register Hills sind vollständig erhalten.

Die zweite Orgel in der College Chapel zu Eton/Windsor ist eine 1760 von Snetzler für Georg III. erbaute, einmanualige Kammerorgel (ohne Pedal) mit fünf Registern links und vier Registern rechts (G-f'). Sie befand sich vormals in »Buckingham House« und wurde ca. 1820 an Lord Egremont verkauft, der das Instrument 1926 als ständige Leihgabe dem Eton College übergab. 1938 restaurierte die Fa. Harrison & Harrison das Werk.

Die Holländische Orgel wurde 1773 von Johannes Mittenreiter aus Leiden für die St. Mary's English Episcopal Church in Rotterdam gebaut. Nach der Zerstörung dieser Kirche im Jahr 1914 kaufte H. E. Luxmoore die Orgel und schenkte sie dem Eton

College, wo sie 1924 in der School Hall aufgestellt wurde. Das wunderschöne Gehäuse (18. Jahrhundert) und einen Großteil der noch erhaltenen, historischen holländischen Pfeifen restaurierte und rekonstruierte 1973 die Fa. Flentrop-Orgelbau/Zaandam/NL nach originaler Konzeption.

190 St. Michael's Church Rectory St. Michael's Framlingham GB-Woodbridge Suffolk IP 13 – 9 BJ

Telefon: 0728/621082 (Rector)
Kontakt: Organist Malcolm Russell, F. R. C. O. Director of Music, 14 Norfolk Crescent Framlingham, GB-Woodbridge IP 13 – 9 EW
Öffnungszeiten: 8-18 Uhr
Konzerte: siehe Tagespresse und Programme
Eintritt: unterschiedlich

Disposition:
2 Manuale und Pedal/19 Register
Hauptwerk/7 Register
Schwellwerk/8 Register
Pedal/4 Register

Thamar of Peterborough schuf 1674 die Orgel für das Pembroke College in Cambridge. 1708 wurde das Instrument nach St. Michael's Church übertragen, da man im Pembroke College durch eine neue Father-Bernard-Smith-Orgel keinen Bedarf mehr für sie hatte. Mendelssohn, befreundet mit Thomas Attwood, damaliger Organist in St. Paul's in London, besuchte dessen Sohn Georg, Pfarrer in St. Michael's in Framlingham, und soll dessen Schwester Caroline an der Thamar-Orgel unterrichtet haben.
Die letzte große Renovierung mit Rekonstruktion erfolgte 1970 durch die Fa. Bishop & Son/Ipswich unter Aufsicht von John Budgen, wobei die besondere Eigenart der Orgel berücksichtigt und diese erfolgreich

restauriert wurde. Im Hauptwerk sind alle sieben Stimmen der Thamar-Orgel original erhalten. Das wundervolle Gehäuse mit den bemalten Frontpfeifen ist hervorragend in seiner historischen Substanz erhalten. Berühmte Organisten wie Lionel Rogg, Tom Koopman, Peter Hurford und Malcolm Russel (Organist in St. Michael's) konzertieren und zelebrieren auf der Thamar-Orgel. BBC Radio 3 überträgt regelmäßig Orgelkonzerte aus St. Michael's, wo auch Einspielungen wie »L'Encyclopédie de L'Orgue« mit der bekannten Susan Landale gemacht wurden.

welches das auf 70 Rollen aufgenommene Orgelspiel berühmter Organisten wie zum Beispiel Hollins, Lemare, Dupré und auch deutscher Virtuosen wiedergeben konnte.
Das Werk wurde 1976/77 überholt. Nach weiterer fünf Jahren umfassendster Restaurierungsarbeit ist die Orgel heute in all ihren Teilen von bester Substanz und wird von Peter Wood & Son/Harrogate regelmäßig betreut und instandgehalten. Das einzigartige Orgelwerk verleiht der eleganten »Langen Bibliothek« von Blenheim Palace einen besonderen Glanz.
(Farbige Abb. s. Einband u. S. 76)

191 Blenheim Palace – Long Library
GB-Woodstock/
Oxfordshire OX20 1PX

*Telefon:*0993/811091
Fax: 0993/813527
Kontakt: Administrator P. F. D. Duffie
Öffnungszeiten: 10.30-17.30 Uhr (letzter Einlaß 16.45 Uhr)
Konzerte: ein öffentliches Konzert jährlich, sonst Gebrauch der Orgel nur für private Zwecke oder zu speziellen Besuchen.

Disposition:
4 Manuale und Pedal/52 Register
Hauptwerk/14 Register
Schwellwerk/14 Register
Chorwerk/8 Register
Solowerk/6 Register
Pedal/10 Register

Auf Wunsch des 8. Herzogs von Marlborough erbaute die Fa. Henry Willis & Son 1891/92 die Orgel im Blenheim Palace. Die 91 Prospektpfeifen sind aus bestem, hochglänzend poliertem Zinn, die hölzernen Pfeifen aus lackierter kaurischer Kiefer gefertigt. Für den wundervoll gearbeiteten Spieltisch wurde Mahagony aus Honduras verwandt. Henry Willis versah das Instrument 1931 mit einem »Welte-System«,

192 Minster Church House,
Ogleforth
GB-York Yol/2 JN

Telefon: 0904/647577
Fax: 0904/654604
Kontakt: Press and PR Officer Dorothy Lee, Adresse siehe oben

York Minster: William-Hill-Orgel von 1829/30 (192)

Öffnungszeiten: 7-18 Uhr, in den Sommermonaten längere Öffnungszeiten
Konzerte: zu unterschiedlichen Zeiten
Eintritt: ja

Disposition:
4 Manuale und Pedal/84 Register
Hauptwerk/24 Register
Chorwerk/10 Register
Solowerk/13 Register
Schwellwerk/16 Register
Pedal/21 Register

1829/30 schuf William Hill das Instrument in dem wundervoll filigran gestalteten, neugotischen Gehäuse von Thomas Elliot. Jede Pfeifengruppe, ja jede einzelne Pfeife ist mit äußerst fein geschnitztem Holz umgeben. 1859 und 1903 erfolgten Instandsetzungen und Umbauten. Anläßlich einer Renovierung im Jahre 1931 wurde das Instrument romantisiert. 1961 nahm die Fa. J. W. Walker & Sons umfangreiche Restaurierungsarbeiten vor und änderte die Disposition und Intonation, um der anglikanischen Liturgie und dem Repertoire der großen Orgelliteratur gerecht zu werden. Eine letzte große Restaurierung erfolgte 1992/93 durch Geoffrey Coffin, der das Hauptwerk mit einer Art Baldachin versah, um eine klanglich intensivere Abstrahlung zu erzielen, was sich angesichts der riesigen gotischen Kirchenhalle als äußerst erfolgreich erwies.

ORTSREGISTER

NAMENSREGISTER